借金2000万円を抱えた僕に
ドSの宇宙さんが教えてくれた
お金の取扱説明書

小池 浩 HIROSHI KOIKE

お金を笑わせろ!

サンマーク出版

これが何に見えますか？

「1万円札」??

この本は、
読めば

これが、

これ

に変わる本です。

皆さん、こんにちは！　小池浩です。
借金2000万円を抱えた僕でしたが、9年でその借金を返済。
おかげさまで、その後も願いをかなえつづける日々を過ごしています。
そう、あの「ドSの宇宙さん」のスパルタ指南で
めでたく人生大逆転したわけですが、
借金沼というどん底で僕自身が受け取ったヒント、
僕が実際やったこと、僕に起きたお金との関係の変化、
そして振り返って見えてきた「お金の真実」、
それをやっと、1冊にまとめることができました。
書きながら当時を思い出して、
「なんだ、僕、よくやったよなぁ！」
「暗中模索の必死の毎日だったけれど、
宇宙から見れば、ちゃんと出口は用意してあったんだなぁ」って、
ちょっとウルウルくる場面もありました。
僕はこの本を、お金の不安を抱える人への、心からのエールのつもりで書きました。

僕の最近の口ぐせは、
人生は「起承転結」、最後の「笑い」まで回収してね！
ってこと。魂で見れば、最後はすべてハッピーエンドだから。
お金だってそう。どんなにお金で苦労しようと、
その場面だけで切り取って判断しないこと。
僕なら、「念願の自分のお店」↓「借金どん底」↓
「一念発起、宇宙にオーダー」↓「借金返済」↓
「家族みんなで当時を笑って振り返る」
——ほら！　最後は「笑い」！
今回の本は、ハワイが舞台です。大好きな常夏の島！
宇宙には、ここではない別の宇宙に、あなたの別の人生が複数あるんです。
僕の「別の宇宙」には、借金返済できず、孤独な僕もいて、
結局、どの自分を生きるのかは、自分で決めているんですよ。
そう、このお話は、僕コイケの、別の宇宙のお話。
さぁ、とっておきのお金物語のはじまりはじまり〜。（ハワイ、早く行きたいなぁ！）

登場人物紹介

コイケ（小池浩）

念願の洋服屋を開店するも、店は閑古鳥、30代で悪徳コンサルにだまされ借金は2000万円（うちヤミ金600万）にまで膨れ上がる。「借金を10年で返済する」と宇宙へオーダーして口ぐせを変えて借金を返済。人生大逆転させた。今作のコイケは、同じ借金返済の道をたどったあと、ハワイに移住した別の宇宙（パラレルワールド）のコイケである。

借金2000万円を抱えながらも、自殺もできずホームレスにもなれないコイケの「何でもしますからどうか助けて」の声に反応して宇宙からやってきたモヒカンの浮遊物。スパルタ指導でコイケのネガティブな口ぐせと行動を変えさせて、人生大逆転劇をプロデュースした立役者。ハリセンを使う。

ドSの宇宙さん（おおいなるいずみ）

ブータン（お金の神様）

ブタの貯金箱の姿をした、お金たちを司る神様。内側には、無限に広がる豊かさの宇宙が広がっている。紙幣や硬貨といった形から、姿を変えつつあるお金の本質とエネルギーについて説くため、コイケの前に現れる。

烏天狗（からすてんぐ）

神社によくいる
神様ネットワークのひとり

縁ちゃん（えんちゃん）

ご縁を呼びこむ
神様ネットワークのひとり

友情出演（どこに出てくるか見つけてね）

コイケ——
ひさしぶりじゃねーか。

プロローグ

僕、コイケはハワイでの暮らしを満喫中。

こちらでも講演やセミナーで、たくさんの人に宇宙のしくみ、願望実現の方法をお伝えしています。

参加してくれた人たちとのバーベキューやマリンスポーツ。

日本では体験できなかった心躍る楽しみを見つけて、僕の人生後半戦はまさに常夏。遊びも仕事もボーダレスに、毎日がフルスロットルです。


そんなある日のこと。

浜辺を歩いていると、ふと、砂に半分埋まった、ピンク色の物体を見つけて立ち止まりました。

「何だろう?」

持ち上げようとしたそのときです。

陶器のような物体が、いきなり「よいしょっと」と言いながら、砂から顔を上げたではありませんか。

「コイケくん、元気にしてましたか?」

「ええっと……どちら様でしょう?」

「忘れられていたなんて寂しいですね。

僕は、ブータン。お金の神様です」

「え!? 神様?

どう見てもブタの貯金箱……」

「に、見えますよね」

「ち、違うんですか?」


「だから、神様なのですよ。お金の神様」


驚く僕をよそに、ブタは話しつづけます。

「お金の神様だからって、お金の姿をしているとは限りませんよ。そもそも、お金というのは、お札や硬貨の姿をしているとは限りませんよね。今では、通帳の数字や、データなど、お金は物質的な存在からは離れようとしていますしね。僕

もそう。僕は、貯金箱にして貯金箱にあらず。見てください、この背中の扉。宇宙への入り口を」

そう言って、ブタは背中を僕に見せました。

「え？　背中の扉……って、この、お金を入れるところ？」

「はい。ですがここに入っていくのは、お金ではありませんよ」

「え？　違うの？」

「はい。人間がここから入れているのは、お金ではありません」

「じゃあ、何を入れていると……？」

「ほら、中をよーく、よ――――くごらんなさい」

お金の神様だと言い張るブータンに促されて、穴をのぞいてみると……

「おーい、コイケ――――!
久しぶりじゃねえか―――!」

穴の奥から野太い声が聞こえたかと思うと、
僕はその穴に吸い込まれたのでした。

穴の向こう側、そこに広がっていたのはキラキラと黄金色に輝く光の粒が降り注ぐ銀河のような空間でした。

「わあああ、なんだこれは！　黄金色の宇宙？」

きらめきながら舞う光の粒子たちと戯れるように、ころんころんと転がりながらこちらにやってくる白い物体が見えました。

その物体が僕のほうに近寄ってきて……

どーーーん！

「よ！」

いきなり体当たりしておいて、軽々しい感じで現れたのは、あの懐かしいヒト、ドSの宇宙さんではありませんか。

「よ！　じゃないですよ、宇宙さん！　でも久しぶりですね！」

「おまえもこの空間を見る日がやってきたわけだなあ。偉くなりやがって」

「この空間って？」

「これもまた宇宙空間のひとつだ。そしてこれは、お金のフィールドってやつだ。無限に広がる、お金たちの集合無意識の場。豊かさの宇宙とでも言おうか」

「豊かさの宇宙？」

「そう。だよな？　ブータン」

「そうです━、そうです━、そのとおり━」

　宇宙空間に響き渡るブータンの声。

「あ、ここは貯金箱、いやブータンの中なんだっけ。でも、貯金箱って、お金を貯《た》めるあの貯金箱だよね。こんな空間が広がっていたなんて！」

「お金、器、ものに限りがあるっていうのは、おまえら人間になりにいった魂が、物質世界の地球で勝手に思っているだけだ」

「勝手に？　思っているだけ？」

「そうだ、本来、宇宙は無限に広がりつづけている。豊かさも、無限。可能性も、無限だ」

「貯金箱の中は、無限の世界？？　でも、お金を貯金箱に入れると、この空間につながってたなら、僕たちは今までいったい何を貯めてたの？」

「そう！　そこだぜ、そこ！　いいか、この貯金箱の中は、ふたつの流れがある。有限か、無限か、そのどちらかを選んでいるのは、おまえたち人間自身だ」

「ふたつの流れ!?」

「そうだ。『お金を貯めている』と思う人間にとっては、空間に制限のあるただの貯金箱だ。だが、本来、貯金箱や通帳っていう、お金を貯めたり見たりすることができる存在は、本当は、宇宙の無限の豊かさとつながるスイッチだ」

「無限の豊かさとつながるとどうなるの？」

「決まってんだろう。貯金箱に入れた豊かさの1枚が、まるで鍵のように、豊かさの宇宙の扉を開けてくれる。そして、そいつの宇宙に無限の豊かさが注ぎ込まれる、つーわけだ」

「でも、貯金をしていても、無限の豊かさにつながっていない人はたくさんいるよね？」

僕は不思議に思いました。

すると、貯金箱の中に、ブータンの声が響きました。

「そこなんです――。僕は、いつもそれが悲しくて………。豊かさは無限だと人々が気づいて、コインを僕の中に投げ込んでくれればその扉が開くのに……。多くの人は、『節約、節約』と言いながら、しかめっ面でお金を入れるのです。

そうすると、僕の内側は……ただの有限の貯金箱のままなのです」

「コイケ、おまえもやってたよな？　500円玉貯金」

「ええ、やっていましたよ！　貯金箱にお金を入れるごとに、楽しくてうれしくて。『ああ、ハワイハワイ……』『ああ、キャンプキャンプ……』って、声が出てしまっていましたね」

「そう、それが、『無限』を選んだ貯金箱だ。さすがオレ様の教育のたまもの」

「僕にとっては、500円玉貯金って、お金を貯めるというよりも、コインにオーダーを託しているようなイメージでした」

「そう、まさにそれだ。500円玉1枚から、無限の未来を空想して、ニヤニヤしまくっていたコイケよ。おまえの貯金箱に貯まっていったのは、ただのお

金ではなかったということだ。

「コイン1枚の扱い方が、豊かさのスイッチにつながっている……？」

「そうだ。そして知ったからには、いいか、おまえはそれを伝えなくてはならない。この無限の豊かさとつながる方法、お金の神様とのつながり方を！」

「いやいや、そんな、僕そんなすごいことしたつもりなんて！　僕はただ、お金を笑顔にしてるだけですよ。お金に笑ってほしいな〜って」

宇宙さんが、顔を輝かせました。

「そうだ、それだ！　お金を笑わせる……。お金を信頼して、豊かさの扉を開く方法！」

「僕たちお金を笑わせる、なんて素敵なセリフでしょう」

うれしそうなブータンの声が、また響き渡りました。

「おいコイケ、今日のセミナーから、『お金劇場』のオプショナルツアーを組み込め！　そこで、豊かさとつながる方法を一挙公開だ」

「な、何ですか、お金劇場って！　え、今日⁉　そんな無茶な！」

「何を言ってやがる。すべては即行動、宇宙はいつでも準備万端だろうが！　ほらよっ、ちょっと質素だが、舞台もつくってやらぁ」

「さすが宇宙さん、いいですね。〝笑わせる〟といえば寄席、劇場ですもんね。NGKならぬKMGってところでしょうか」

「KMGって、ブータンおまえまさか……」

「はい、コイケ（K）、マネー（M）、劇場（G）ですよ」

「おぉ、いいぞブータン。仲よくやっていけそうじゃねえか」

ふたりはひとしきり盛り上がってから、僕に言いました。

「よし、コイケ！　さっそくリハだ！」

目次

第2章 お金には「城」と「思い出」を与えろ！

第3章 堂々とお金を招き行動しろ！

第4章 お金が「笑う」使い方をしろ！

イラスト　アベナオミ
デザイン　萩原弦一郎（256）
構成　MARU
本文DTP　天龍社
編集協力　乙部美帆
編集　橋口英恵（サンマーク出版）

第1章

お金を崇めたてまつるな!

金運がよくなる
人の大前提

お金劇場
1

コイケの宇宙に、
「お金さん」と「人生さん」が
住んでいました。
コイケは「人生さん」を大切に、
日々暮らしていました。
「人生さん」がどうしたいかを
尊重しながら、
「お金さん」と一緒に働いていました。

人生さんどっち行く？
コイケ
人生
コッチがいいな〜

ヒロシの宇宙に、
「お金さん」と「人生さん」が
住んでいました。
ヒロシは「お金さん」を大切に、
日々暮らしていました。
「お金さん」の顔色をうかがい、
崇《あが》めたて、
「人生さん」はいつも
置いてけぼりでした。

コイケの宇宙は、
お金さんがせっせと働いて、
人生さんはくつろいで
家族と幸せに過ごしています。

ヒロシの宇宙では
お金さんがあばれ出し、
出ていってしまいました。
取り残されたヒロシと人生さんには、
毎日、借金の取り立てが
やってきます。

お金に好かれたい！　愛されたい！

確かに、お金持ちはお金に愛されています。

大前提が誤っていなければ、ですが。

だ、大前提？

金持ちの奥義《おうぎ》はただひとつ！

それは、〝お金さん〟と
自分の〝人生さん〟とが
あくまでも対等であることだ！

天秤《てんびん》にかけて〝お金さん〟を優先してるやつに
本物の金持ちはまずいない！

まず自分の〝人生さん〟を、
何よりも大切に扱え！

自分が、自分の〝人生さん〟のマネージャーになり、
どんな人生にしていくのかを
プロデュースしろ！

大切なのは「お金」？
それとも「人生」？

「お金があったら人生幸せなのに」
「お金があれば夢をかなえられるのに」
「お金がないと人生終わりだ」

お金の苦労が絶えない人ほど、お金に振り回されているような気がします。
そして、そんな人のセリフは、お金と自分の人生そのものを天秤にかけているかのように、僕には聞こえます。

お金があれば、幸せであり、お金がなければ、不幸せ。

人生よりもお金のほうを「強く大きな存在」と見なし、お金を祭り上げ、崇めたてつつ、恐れを抱いて扱っていることが多いと感じます。

でも、これっておかしな話だと思いませんか？

これは僕がいつもお伝えしていることですが、僕たちひとりに、ひとつ以上の宇宙があります。

その宇宙の創造主はあなた自身であって、あなたが神様です。

そして、あなたの世界に存在するものは、すべてあなた。

……だとしたら、お金もまたあなた自身。

それなのに、お金に振り回されているって、どういうことなのでしょうか。

それは、生まれてから今までの間に積もり積もった、お金という存在についての勘違いが原因だと、僕は心理学を学ぶ過程で知りました。

僕も借金2000万円を抱えて、いつでもどこでも涙が出る「借金うつ」の状態だった当時は、完全に、お金に人生を握られていましたからよくわかります。そう、僕の1冊目の本『借金2000万円を抱えた僕にドSの宇宙さんが教えてくれた超うまくいく口ぐせ』で名言（？）となった「鼻水号泣コイケ」状態でしたから。

「借金にまみれた人生なんて、この先どうなるのか」

「どんなに働いても、お金は入ってこない」

そう思いながら、日々、お金を追い求め、でも手に入らずに苦悶《くもん》する日々は、まさにお金に人生を乗っ取られた状態でしたし（本当は、自分が乗っ取られているように感じていただけだと、あとでわかるんですが）、同時に、お金がないから不幸なんだ、お金さえあれば幸せになれるんだ！　と信じて疑いませんでした。

ところが、そのお金に対する感覚がみるみる変化するできごとが起こります。

それが、

「10年で借金を返す。返しました。そして僕は最高の家族を見つけて、絶対に幸せになる。なりました！」

と宇宙にオーダーしたこと。

オーダー後のヒントを受け取り、とにかく行動に移すようになってからは、借金、そしてお金に対する感覚が一変し、借金返済まで大きく加速しました。

僕が気づいたのは、お金があれば何でも解決するわけではないということ。

僕は「お金がない」を理由にすることで、「幸せな人生を歩む」ことを自ら放棄していた、

ということでした。

僕はお金があろうとなかろうと、
コイケヒロシという「人生さん」を幸せにするんだ！
そのために、お金がないことがいったい何なんだ！
お金がないことなんかを理由に、僕は幸せをあきらめない！

そんな、決意のような感覚が湧いてきたあの日のことを、僕は昨日のことのように思い出します。

お金がないことは、幸せな人生を選ばないことの理由にはなりえない。そう腹落ちした僕でしたが、逆から見れば、こうも言うことができます。
幸せな人生をあきらめているからこそ、お金が入ってこなかった、ってね。
ものごとは逆から見ると答えが見えてくることがありますから。
あなたはあなたの宇宙と「人生さん」の最高責任者、ＣＥＯであり、マネージャーです。幸せな人生さんをたぐり寄せるために、今踏み出せる一歩は何ですか。

借金がいくらあったって、今仕事が立ち行かなくたって、それがどうした！

僕は必ず幸せになってみせる！

僕が僕を、絶対幸せにしてみせる！

だから大丈夫だ！

……そんな大前提で、お金に向き合うこと。

「お金がないから」という理由を一度脇に置いて、今からできることに手をつけてみる。

そうすることで、「なぜ、お金がない状況に自分を置いていたのか」も見えてくることがあります。

人生とお金とは、天秤にかけられません。

だって、どこまでいってもあなたの「人生さん」が最優先。

お金にすがる状況から、顔を上げて自分の姿勢を正すことが、金運上昇の第一条件だと、僕は今、痛感しています。

「お金を得る」を目的にすると見落とすこと

お金というのは、「得ること」を目的にしてしまうと、入ってこないときにつらくなります。お金への意識は「何がゴールなのか」というストーリーを考えることのほうが大切です。

目的はお金ではなく、お金を使うところまで。
最後は必ずハッピーエンドで終わるところまで。

「人生さん」をともに歩む一員として、僕はお金のことを、敬意と愛情をこめて「お金さん」と呼びますが、**宇宙が見ているのは「お金さん」の起承転結ストーリー。**

だからこそ、まずは自分がどう生きたいのか、どんな「人生さん」にしてあげたいのかが大事なんです。

たとえば映画のストーリーなら、「世界一周旅行をして、自分にも、妻にも、子どもにも、この美しい世界を見せてあげたい！」という目的があって、そのための500万円を懸命に積み立てたのに、「やっぱり使わない、世界一周や〜めた」という流れは、あまりありませんよね。

始まりの一歩があって、紆余《うよ》曲折があって、手にしたお金があって、世界一周に出かけて、家族皆で「よかったね」「幸せだね」「地球って美しいね」「楽しいね」って、何度も声に出し合ってニコニコする。

お金を得て、使う、そして笑顔が生まれる。そこまでが、宇宙へのオーダーの起承転結、ワンセットです。自宅に帰るところまでが、遠足（また、ベタなたとえ！）。お金も、使って終わりではなく、最後に笑うところまでが、お金の流れ。

必ずワンセットで考えることで、そのストーリーは完結し、そこに使われた「お金さん」たちも幸せな粒子となって宇宙空間に戻っていきます。

そして、その笑顔の体験が忘れられなくて、またあなたのところに戻ってくるわけです。

これは、一見つらい物語に見えることだって同じです。

僕の2000万円の借金返済は、苦難の末、宇宙にオーダーして、流れが変わって、返済し終わって、愛する妻とかわいい娘たちとの幸せな生活を味わって、それが本にまでなって、僕の話に賛同してくれる仲間たちができて、いつも笑っている、というところまでがワンセットだったと、今はわかります。

つまりは、そこまでは、絶対に、絶対に、行動しつづけること。

それは、自分の人生を絶対に笑顔で終わらせるという覚悟でもあるんです。

1万円で1万円以上使えたら勝ち

この本は、「お金の概念を変える本」です。

この本を通して「お金の取扱説明書」を解説しながら、僕はこんな提案をしたいんです。

あなたの目の前に置かれた1万円札を、今日から「お楽しみ券」のような存在だと思ってみませんか？　って。

お金って、本当のところは、こんな存在のはずなんです。

それはときに、使うと何が起きるかわからない、びっくりどっきりの「ミステリー券」だったり、見たこともないものを見たり、憧れていた何かを体験する「初体験券」だったり、誰かをとことん喜ばせる「最高のおもてなし券」だったり、何で笑うのか、その中身は自分で好きに決める「笑わかし券」だったり……。

あなたのお金は、今後「あなたオリジナルの、あなたを最高に楽しませるお楽しみ券」です。

使えば使うほど驚きと笑顔が生まれ、心動かされる券。

「笑えるびっくり券」など、ネーミングは自由ですが、使う際には必ず自分で行動し、その名目どおりの笑いや楽しさ、ワクワクが訪れる券にします。

使い方は、誰もがびっくりするような、斜め上からの方法で。**サプライズをしているような感覚で、そのお金を、額面以上の価値に押し上げて使いきるのです。**

使われた「お金さん」のほうが、「こんな方法でこの1万円を使うってか！　そう来たか〜！」と、思わず笑ってしまうのが、僕が皆さんと一緒にかなえていきたい「お金の使い方」です。

同じ金額でも、「その手があったか！」となるような、とことん楽しい使い方。オリジナルで、心躍る、最高にハッピーな、「笑える」使い方を、いつでも全力で考え、実行してみること。

お金さんを笑わせることができたなら、お金はあなたの宇宙というアトラクションを大いに気に入って、繰り返しあなたのもとを訪れます。行列だってできますよ！

お金には性格も意思もある

お金劇場 2

それは、いつ生まれたのか
誰も知らない。
光り輝く宇宙でひとつのお金細胞が
分かれて増えていき、
3つのお金さんが生まれた。

人から奪おうとし、
循環させる気のない人のお金さんは、
ヤクザお金さんとなり、
荒くれ者となり、
宿主のもとにとどまらず、

誰かと一緒にお金を楽しみ、
宇宙を喜びで満たそうとする人の
お金さんは、
天使お金さんとなり、
宿主のもとによりたくさんの
お金さんを呼び寄せ、

何に使ったかしっかり確認し、
お金が変化したものに敏感な人の
お金さんは、
学者お金さんとなり、
より多くのお金さんを
宿主のもとへ集結させていく。

お金たちには性格があって、
それは全部、使う人によって
形成されているんです。

え！　お金に性格？
あ、そういえば、たまーにやさぐれたヒトがいるなあ。

おまえは基本的に、お金大好きだから、
おまえのところにきたお金は、
性格がよくなってるからな。
ヤクザなやつは、以前のおまえの財布には
腐るほどいただろうが。

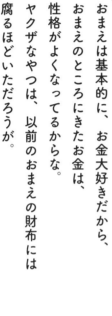

い、いました！　ヤクザくんも、ビビリくんも！

お金たちも生き物だと思って接してください。わが子のように、恋人のように、大事に扱って、そして信じてあげてください。

そうすれば、お金に宿る豊かさのエネルギーは増幅していきます。

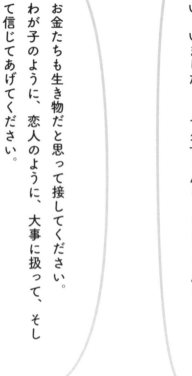

お金は祭り上げられるのが苦手

お金さんには、感情も、自由意志もあります。性格だってあります。

僕が感じているのは、お金さんは基本的に、祭り上げられるのが苦手だということ。一方的に崇められたり、敬われたりするのではなく、あくまでも「対等な」つきあいを望んでいます。

僕はいつも、僕のところに来てくれたお金さんたちと会話をしていますが、お金さんにとっての喜びは、自分が誰かの喜びに変わること。

だから、お金さんには、チームの一員として働いてもらう意識でいるくらいがちょうどいい。僕は、必要なお金があると、いつでもお金さんに相談します。

「ねえ、お金さん。心理学のセミナーを開催できるようになりたいんだ。心理学の講座に通いたいんだけど、どうやったら君の仲間は僕のところに来て、一緒に夢を追いかけてくれる？」

そんなふうに相談してみると、お金さんは目を輝かせます。

「私をそんなふうに使ってくれるなんてうれしい！　じゃあ、私、他のお金さんを集めてみるから、待っててね。あなたの夢？　もちろんかなえるわ！　任せて！」

そして、お金さんは、たくさんのお金さんたちに声をかけてくれます。

「ここに来ると、夢をかなえるお手伝いができてとっても楽しいわよ」と、全世界の、全宇宙のお金のエネルギーに瞬時に伝えてくれるわけです。

これは、クラウドファンディングと似ているかもしれませんね。夢の実現に必要なお金と、そのリターンを示し発信すると、多くの有志が集まってあなたを助けてくれたり、必要なお金を授けてくれたりする。

お金を出したほうは、プロジェクトの実現を見守りながら、リターンを楽しみにしているし、自分が好きなことに役立てたことがうれしい。

そう、すべての人が笑顔になれるお金の使い方をしていると、お金は必ず、その場所に集まってきます。

これが、「お金がほしい！」「何が何でもお金を得てやる！」という考え方が先走ってしまっていると、お金は集まることがありません。

そこにお金が集まることによって、どれだけハッピーになるのか。

お金さんは祭り上げられるよりも、働きたい。実直な性格です。

その存在を認めてもらって、一緒に夢をかなえる一員としてあなたの宇宙で役立ちたい。そんなお金さんの気持ちを大切にしてあげることです。

豊かなのは、「お金に愛されたい」人より「お金を楽しませる」人

お金さんは、喜んでくれる人のところに居つきます。

居つくといっても、お金さんは循環し、増幅していく存在ですから、自由に出ていってまた戻ってくるのですが、確実に、お金が好きな人とは相思相愛になります。

誰しも「私だってお金が好き」と思うかもしれませんが、一見お金が好きに見えたり、お金を幸せそうに使ったりしているように見えて、心の底で、罪悪感を抱いている人もいます。

お金についてネガティブな感情を抱えていると、お金がいくら入っても足りなくなって、なぜか突然お金がなくなるような事態に巻き込まれたりもします。

あなたがお金に対して、無意識の中でどんな感情を抱いているかは、現状が教えてくれます。

もしも、今、あなたが「私の手元にはいつもお金がない」と思っているのだとしたら、それが、あなたのお金への前提や価値観を表しています。あなたにとって、お金は「ないもの」「なくなるもの」というネガティブな感情がわくものなのです。

でも、たとえ現状がそうだとしても、誰もがお金を愛し、お金から愛され、お金を自在に扱える人になることは可能です。お金も宇宙のエネルギー。太っ腹で懐の大きな存在ですから。

「お金に愛されるための習慣」とか「お金に好かれる人の条件」ってフレーズ、よくありますよね。でも僕の感覚だと、あくまでも、お金と自分とは対等関係。**本来、お金の愛とは一方的に「乞う」ものでも「恵んでもらう」ものでもありません。**

自分からお金に声をかけ、尊重し、心から愛す。何なら、驚かせて、楽しませて、笑わせる。そんな能動的な「愛し方」が、金運を上げることにつながります。

お金に人格も意思もある以上、彼らは一緒に夢をかなえてくれる、大切なパートナーのひとりですからね。

そんな僕にとって、お金との日々の関わりは、まさに「お金劇場」です。

自分のもとに来てくれたひとりひとりを喜びの出会いで迎え、何かへと形を変えて手元を去っていく、その別れ際には「ねぎらいの愛に満ちた別れ」で送り出す。そしてまた、喜びの再会を果たす。

僕はいつだってそんなふうに、日々出入りするお金さんと向き合っていますよ。

お金さんとの感動の別れ、愛の再会だなんて、大げさですって？

とんでもない！　僕のお金劇場は、それはもういつだってドラマティックです。

だって、暗黒の借金時代を経験した僕には、このくらいお金を大切に思い、扱うことが、自分の金運を上げてきたとしか思えないから。僕にとっては、借金当時も、そして今も、お金って、そのくらいいとおしい存在だということです。

なにも実際に、一人芝居をやれと言うつもりはありません。でも、こんな意識でお金に向き合うと、真っ先に行動に変化が表れます。

それは、お金へのまなざしが深く、広くなることです。すると、本当に必要なところにだけ、お金を使おうと思うようになります。

あなたは、今この瞬間、お財布にいくら入っているか、すぐに答えられますか？

お金への意識は、そのまま金運につながっています。

まずはお金が与えてくれている恩恵を大きなところから小さなところまで、洗いざらい見つけていく。そこから、お金との愛の物語は始まります。

お金は「成り代わる」神様

お金劇場 3

あるところにコイケおじいさんと、
ヒロシおじいさんがいました。

コイケおじいさんが
山で光る竹を見つけ、
切ると小判が出てきました。
コイケおじいさんは
すぐにそのお金で、
おいしい桃を買い、
村じゅうのみんなと食べました。

一方、ヒロシおじいさんも、
山で光る竹を見つけました。
切ると小判が出てきました。
ヒロシおじいさんは、
誰にも見つからないように
風呂敷に入れて持ち帰り、
オリの中に隠しました。

10年後。
小判を自分と皆のために使った
コイケおじいさん。
村は、たくさんの人が集まる
幸せな街になり、
コイケおじいさんは
家族みんなで、
幸せに暮らしましたとさ。

10年後。
ヒロシおじいさんは、
孤独でひとりぼっち。
ある日、オリをのぞいてみると、
そこにお金さんたちの姿はなく、
炭の山があるだけでした。

お金というのは、
お金にしてお金にあらず。

じゃあ、いったいお金って何？

僕らは、豊かさの粒子、エネルギーそのものです。
僕らは豊かさの宇宙から、人間の宇宙につながり、人間の思いを形にするお手伝いをしています。

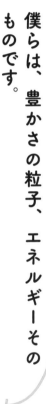

お金は、使うと必ず姿形を変え、
おまえらに必要なものや知識、
時間などに『成る神様』だ。
使えば使うほど、そのエネルギーに包まれる。

使ったあと、何に成って、おまえの人生を彩っていくか、
それを存分に楽しんでいるんだからな。
お金は、いい使い方で増えていく。
忘れんじゃねーぞ！

お金への感情が、「お金の性格」を決めていた

お金とは、豊かさのエネルギーが形として現れたものですが、それ自体では、本当は何も意味をなしません。

ひとつの受精卵が、人間になるために細胞分裂し、臓器になり、骨になり、目になり、手になり……と、僕らが意識せずとも人の形をつくっていくのと同じように、お金は「使い道」が決まってはじめて、分裂し「何かに成る」存在だと言えます。

だから、細胞がひとつの細胞だけでは機能しないのと同じで、1枚のお札のままでは何でもない存在。ものや体験といった「何かに成って」はじめて意味をなします。

お金が細胞のように分裂増殖してオーダー実現に向かうそのとき、大切なのが、**お金が何かに変わるときに、あなた自身にどんな感情が湧くか**ということ。

「僕ロレックスがほしいんだ。あれを腕につけていられたら本当に幸せなんだ」

と、あなたが思えば、

「そっか！　私の細胞100万個で、ロレックスに成るわね！」

となりますが、

「僕、本当はアルマーニを着てみたいんだけど、お金がないから、しかたないけどファストファッションでいいや」

と言ってしまったらどうでしょう。

「わ、私、しかたがないもののために自分の細胞を交換しなきゃいけないの？　それってとても残念。もう他の人のところに行きたいわ」

と、お金はひどく傷つき、しょげかえったような性格へと変わってしまいます。**あなた自身がお金を払うときの感情で、お金の性格は変わってしまうのです。**

お金は増殖する宇宙細胞。そう言いました。ですから、お金は当然、使ってもなくなりません……なんて言うと、「使ったらなくなりますよ！」と言われそうですね。

でも、もし「お金は使ったらなくなる」と思っているなら、お金の力をうまく使いこなせていない状態なのかもしれません。

お金は、常に何かに変わって、僕らに恩恵を与えてくれています。

たとえば、お金を払って手に入れた服は、その服を着ている人の自己肯定感を上げてくれるし、喜びをくれます。

お金を払って手に入れた車も、靴も、時計だってそう。電気代や水道代も、お金を払うことで得られる宇宙からの恵みだし、お金を払って得た知識は新たなお金を生み出す僕らの能力になってくれます。お金を払って食べたものは僕らの血肉となって、行動の源となります。

そう、お金が無駄に使われることなど、本来ありえません。

僕の借金返済のお金や利子ですら、今や「コイケの借金ネタ」として大いなる豊かさを与えてくれています。当時払った膨大な利子は、ある意味、ネタ印税の先払いのようなものだなと思っているくらいです。

どれほど無駄なように見えたお金も、すべて、この地球上であらゆるものに「成り代わって」僕らに体験を与えてくれているのです。

そう。お金は自由自在に変化して僕らの願いをかなえるツールなのだから、使っても使ってもなくならない。使えば使うほど変化して増えていく。これを、多くの自己啓発本やお金の本では「お金の循環」と言っているのだと僕は思います。

お金を循環させるというのは、お金が変化して生み出してくれたものから、またお金を得て、それをまた変化させ、自分がほしかった世界をどんどん構築していくこと。

なんだかワクワクしませんか？　僕は、そう考えるだけでワクワクが止まりません。

宇宙に使途不明金なし、「使い道」なきオーダーはかなわない

「お金がほしい」

そう願うときに、あなたは宇宙にどんなオーダーをしますか？

「お金持ちになりたい」

「年収1000万円にしてください」

このようなオーダーをすると、宇宙は、オーダーをうまく受け取れません。宙を漂うお金のエネルギーもまた「お金がほしいってどういうことだろう」と、悩んでしまうことになります。

「え！　でも、ほしい金額を明確にオーダーしていますよ」

そう思いますよね。

いったいどういうことなのかというと、お金というのはそれ単体では意味をなさないため、**オーダーはいつも、お金を得ることによって何がしたいのか、に向けられている必要がある**のです。

「世界一周旅行をするという体験をする」

「世界最高級のスポーツカーに乗る」

「子どものフィギュアスケートへの挑戦を最大限に応援する」

「大学に行き直して、今から博士号を取る」

自分の願望を、しっかりと決めて口にして、そのためにいくら必要なのかを細かく計算してみてください。そして、宇宙に、願いとともに、期限を決めてオーダーするのが、正しいオーダーと言えるのです。

「3年後には、世界一周旅行をする。そのために必要なのは300万円」

このようにオーダーすると、宇宙も、お金さんたちも、実現に向けて動き出してくれます。世界一周をしている自分や家族の笑顔、行く国々の写真を見てニマニマしながらよりリアルに想像すると、さらにそのオーダー実現は加速します。

そしてここで、重要なことがひとつ。この300万円というのは必ずしも、現金で入ってくるかどうかはわからないということ。あなたがとても親切にした人が、たまたまモナコの大富豪で、「世界一周旅行に一緒に行こう！」と誘ってくれるかもしれません。その場合、あなたは現金を手にしていませんが、確実に300万円分のお金さんにバックアップされています。

これが「300万円がほしい」というオーダーだと、「え、自分はいったいどんなものに成り代わるんだろう」とお金さんたちは具体的なイメージを描けず、そこに喜びを感じられず、集まることができません。

出口のないお金のオーダーは、宇宙にとって〝聞こえない〟オーダー。使い道を示してはじめて、宇宙は動きはじめることができます。

お金は
崇められるより
働きたい

お金劇場 4

「やあ、みんな。
おはよう」
今日もコイケは、
集まったお金さんたちを
ひとりずつ
数えています。
「来てくれてありがとう」

その夜、並べられた
お金さんたちが、
会話をしています。
「君は、何になる?」
「私は、スニーカーかしら」
「じゃあ、僕はくだものだ」

コイケが目を覚ますと、
お金さんたちは消え、
たくさんの品々が
そこに置かれていました。
コイケにはすぐにわかりました。
「ああ、ハッピーー！
スニーカーになって
くれたんだねー」
「ドッグ！
君はくだものに！」

お金たちは
宇宙の粒子に戻りながら、
「楽しかった。
またコイケのところに
みんなで来ようね」
と、約束を交わすのでした。

お金たちはね、いつも、会話をしているのです。

お金さんたちの会話？

誰の宇宙に行って、
どんなものに変わるのか、
いつだって考えていますし、誰かの宇宙に行ったら、
そこが楽しいのかどうか、互いに教えあって
より楽しい宇宙に行こうとしています。

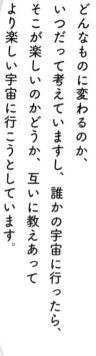

おまえは自分のところにやってきたお金たちと
毎日ちゃんと顔合わせしてるか!?
ちゃんと挨拶してるか!?
どれもが全部同じ諭吉だなんて
思ってんじゃねーぞ!
いつだって、お金たちと会話をするんだ!
変態っぽいだと？　上等じゃねぇか!

「お金って最高にありがたい」から金運アップは始まる

形より中身、建前より本質へ、と変化している今、お金も、お札やコインから電子マネーへと変化し、物質を脱ぎ捨てようとしていますね。宇宙が元々の、エネルギー体という本質に近づいていっているとも言えるかもしれません。

愛もエネルギー。ありがとうもエネルギー。そして、お金もエネルギーです。

宇宙は、僕たちが宇宙に向けて発したエネルギーを増幅させる、エネルギー増幅装置。だから、宇宙が物質世界からエネルギーの世界に向かっている今だからこそ、僕たちもまた、物質に囚《とら》われず自分がどういうエネルギーを発して生きていくのかを考える時期と言えます。

もちろん、物欲があるのは大切なことですよ。

僕らは、この地球での経験を味わい尽くしたいわけですから、物質世界に生きている以上は、ものを買う、ものを持つ、ということもまた、大切な経験ですからね。

お金たちも、宇宙からエネルギー体として舞い降りて、あなたの宇宙でさまざまなものに成り代わっていくことを楽しみにしていますから、ぜひ、エネルギーが形に変わること自体を存分に楽しんでください！

さて、そのために一度考えてみてほしいことがあります。

それは、もしもこの世にあなたが考えるお金という存在がなかったら……あなたはどうやって自分のほしいものを手に入れますか？

もし、ハワイに行きたかったら？　お金ができる前の時代のように物々交換を考えますか？　自分でイカダをつくって海を渡りますか？

当たり前にみんなが使える電気だって、お金で買えないとしたら、電柱をつくって電線を架けることから始めることになりますよね？

どう考えても、「やっぱり、お金って、最高にありがたい存在だよね！」に尽きると思うんです。自分がほしいものを手に入れるために、お金がいかに「便利」なのかって。

金運を上げるにはまず、この感覚にいつも立ち返って、こうつぶやきます。

お金はとっても便利！
お金はとってもありがたい！
お金って最高に素敵！

電子マネーとして数字だけに見えようとも、お金は僕らのやりたいことをいとも簡単にかなえてくれる、本当に便利なツールなんですから。

お金に愛されたいなら、先にお金を愛しなさい

僕は2000万円の借金のピークに、愛する妻にプロポーズをした男です。

そして妻は、その男からのプロポーズを笑顔で受けてくれた女性です。

事実、妻は一切お金の心配をしませんでした。いや、借金2000万円の彼氏がいて、お金の心配をしないって、ある意味どんだけ肝が据わってる？　という気もしますが、これこそ僕が宇宙にオーダーしたことだと、あとから振り返って思いました。

僕は、妻とつきあっているときから、「この人に絶対にお金の心配をさせない」と決めていました。

そう、これが宇宙へのオーダーとなって、妻にまったくお金の心配をさせなかったとも言えますね。

結婚してからも、家計の管理は僕が預かり、不安な要素は一切妻には見せませんでした。どれほど借金があっても、必要以上に切り詰めるなんてことはしませんでした。

妻は、子どもができてから「私、もう働かなくてもいいかしら」と言い、専業主婦になりました。ええ、まだ借金は2000万円近いときです。僕も「もちろん大丈夫だよ」と言いました。

子どもが幼稚園に行っている時間帯にふたりで居酒屋デートをしているとき、妻がこんなことを言いました。

「お金っていいよね。だって、こんなにおいしい焼き鳥とビールが飲めるんだもの」

「本当だね、お金っていいよね。素敵だよね」

そう、どれだけ借金があっても、僕たちはいつも、お金に感謝していました。そして、それを当たり前のように口に出していました。

大好きなスニーカーや洋服をアウトレットに見に行ったときは、僕は妻に「いくらまでね」なんて制限をつけないで「値段を見ずに、ほしいものを買ってね」と必ず言うようにしていました。

そのほうが、お金さんが喜んでその品物の代金になってくれるから。とにかく、妻とお金さんが喜ぶ使い方をしていくと決めていました。喜ばれると自分の自信にもつながります。

すべては僕が宇宙にオーダーした「妻には絶対にお金の心配をさせない」――がかなっていった。

だからこそ、お金が入ってくるようになって、入ってくればくるほど、僕たち夫婦は「お金っていいよねぇ」とつぶやいていました。僕の金運アップの口ぐせのひとつ**「お金っていいよねぇ、ありがたいよねぇ」**はここで誕生したんですよね。

お金に苦しめられていると思っている人の多くは、お金に愛情を注ぐことができなくなっています。自分を苦しめているものに対して「ありがとう」が言えず、「お金って本当にいいよね」なんて思えない。

でも、お金への愛は能動的なもの。自分から声をかけ、自分から愛する。僕が普段お伝えしている「先払いの法則」も当てはまりますね。まずは、自分のほうから、愛を見つけて感謝すること。

小さなことでいいので、お金によって助けられていること、お金によって受けている恩恵のほうに目を向けてみてほしいのです。

「お金があるから、暖かい部屋で眠れる」
「お金があるから、涼しい部屋で過ごせる」
「お金があるから、ご飯が食べられる」

もし現状それすらむずかしいという人も、一度、「お金があったら助かること」に目を向けて、「ああ、お金ってやっぱりいいな。ありがたいな」と感じてみること。

お金に対してポジティブな感情を持つことが、お金を愛する第一歩です。

ポジティブな感覚でお金と関わる秘訣をひとつお伝えしておきますね。

それは、金が入ってくるようになる口ぐせ「チャリン♪　チャリン♪」です。

これは、気の乗らない仕事やつらい作業、また願望達成のための行動を頑張っているときにつぶやき、自分の宇宙銀行にお金が貯まるイメージをしていると、いつしか巨額のお金が貯まって、さまざまな形であなたのところに引き出される口ぐせです。

そう、どんな小さな行動も、宇宙銀行に貯まっていきますよ。

努力はいつか報われる、と言いますが、それは苦しみながら、お金を恨みながら、努力した人ではありません。**どんな過酷なことも、その先にある豊かさや楽しさをイメージして、にこにこしながら、軽やかな気持ちで宇宙銀行に貯金し続けた人だけです。**

「チャリン♪　チャリン♪」という、いい音を道連れに、目の前のことを一つ一つ、積み上げていきましょう。

第2章

お金には「城」と「思い出」を与えろ!

お金は
幸せな思い出
が好き

お金劇場 5

私は10円玉。
ある日コンビニで、
コイケに受け取られた私。
居心地のよさそうな
財布に入るそのとき、
「ようこそ、よく来たね。
ここが君の居場所だよ」
とコイケは話しかけてくれた。

僕は千円札。
駅で突然のコイケとの別れ。
コイケは僕の目（英世さん）を見て、
「来てくれてありがとう。
またいい旅をして、
お友達を連れて、きっと帰ってきてね」
と言ってくれた。
僕はきれいに並んだ仲間に
そっと目くばせして、
「行ってきます」と言ったんだ。

僕は1万円札。
コイケは店を閉めると毎晩、
僕たち1枚1枚を
机に並べて声をかける。
「ここに来てくれて
本当にありがとう。
ここまでの道中、どんな旅だった？
どんな景色を見てきたの？」
朝には売上金として、
銀行に運ばれる僕、
思わず目頭が熱くなったよ。

僕たちお金は、
いつでも誰かのもとを訪れては、
お別れをする、
さすらいの旅。
でもね、コイケのもとには、
きっと戻ってきたいと思うんだ。

おい、コイケ。「お金が好き」というヤツは多いが、本当の意味でお金が好きかどうかは、わからんぞ。

本当の意味って？

「お金が好き」というヤツのなかには、お金が入ってきたときには喜ぶが、出費はいやがるヤツもいるだろう？

お金さんから見れば、その人が本当にお金が好きな人どうかはすぐにわかります。お金が入ってきたときも、うれしそう。出ていくときも、うれしそう。

そう、もらうことも、支払うことも、どちらも楽しそうな人です。
そんな人は、お金からも好かれます。

そうか、僕がやっている「入ってくるときにようこそ!」と出ていくときの「ありがとう」は、お金さんにとってもうれしい言葉だったんだね!

お金が入ってきたときは、盛大にようこその歓迎会。
お金が出ていくときには、感謝の気持ちで壮行会。
お金との関わりはいつだって祭りだ、祭り!!

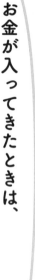

手帳に書いたお金のたちがくれる「思い出」「幸せの再体験」

僕は、お金を使うと、その金額をマンスリーの手帳のその日の欄に書き込み、銀行でお金を下ろしたときには、通帳に書き出された引き出し金額の横に、何に使うためのお金かを、そのつど書き込んでいます。

「え？　結構細かいんですね。借金時代のくせですか」

という声が聞こえてきそうですが、実はこれは、自分の大切なお金さんが何に成り代わってくれたのかを思い出して、あとで自分でニマニマするためについやってしまう、やめられない習慣なんです。

「おおおお、あのとき下ろした4000円は、妻とのランチに使ったんだった。ああ、なんて幸せな時間を過ごせたんだろう。お金さんありがとう」

「あああ、あの日の2万円はあの素敵なステッチのスニーカーになってくれたんだ。お金さん、なんて素敵な経験をさせてくれたんだろう。本当にありがとう」

そうやって、手帳や通帳を開くたびに何度でも、ニマニマして、感謝する。

それが僕の日常。

え？　変態っぽいって？？

でもよく考えてみてください。通帳を見るたびに、

「あれ？　これ何に使ったんだっけ？　記憶がない！」

「いつのまにか増えてしまったリボ払いで、僕の必死に働いたお金がすぐになくなる。つらいなあ」

なんて言ってると、そのために使われたお金さんはどう思うでしょうか？

「せっかく来てあげたのに、私が何に変わったのかすら覚えてくれていないなんて！悲しすぎる」って思う気がしませんか？

そのお金を使った場面を思い出して、何度でも「あれはよかった」「素敵なお金の使い方をした」「ありがとう」ってニマニマしながら喜んでくれる人のもとに、お金さんたちは集まりたがります。

お金が入ってくる生活をしたいなら、お金を使うことで楽しかった思い出をつくり、それを何度も味わうこと。お金さんに素敵な思い出を与えて、共有することです。

「お金さんに幸せな思い出を与える」と言うと、「でもそれはお金がたくさんあるからできることでしょう?」と言う方もいるかもしれません。

でも、僕はこの「お金を使って楽しかったこと」を反芻《はんすう》するというくせは、借金2000万円が残っているときからやっていたことでした。

「うおおおお、この150円で発泡酒が買える! 自分でつくろうと思ったら、150円じゃできないよね! なんて素敵な150円! ありがとう」

「おおおお、100円で焼き鳥が1本買えた! お店の人に『タレ多めに』ってお願いしたらたくさんタレを入れてくれて、ご飯にかけて食べたから、幸せな夕飯になった! なんて素敵な150円! ありがとう」

こんな具合でしたし、それを何度も思い出していましたからね。今でも、そのころとまったく同じように、日々、思い出し笑いをしているわけです。

そうそう、借金のど真ん中のあの日、僕は決めたんです。

お金に感謝して生きる、って。

そう決めたから、どんな小さなことでも、お金があって幸せになったことを、思い出して、何度もかみしめる。

思い出とは、再体験です。宇宙にはリアルか現実かの違いなどありませんから、お金がくれた幸せを、何度も何度も思い出すことで、繰り返し体験できます。

お金が傷つく「安物買いの銭失い」

お金さんとの出会いと別れの場面を、思い出として残してあげること。

その思い出を振り返れば、いつだってワクワクし、ドキドキし、テンションが上がります。

すると人は、自然と後悔するお金の使い方をしなくなります。

なぜかというと、お金を使う瞬間に、その使い方が「あとになって喜びに変わるのか」を判断できるようになるから。ある意味、お金の使い方のスキルアップは、書き留めつづけたお金との思い出メモが教えてくれるという感じでしょうか。

たとえば、突然の雨で傘を持っていなくて、コンビニでビニール傘を買うことって、ありますよね。これはときめく出費ではないように思えますが、僕ならこんなとき、ひと手間かけて、お金を使う意味を変えます。

まず、近くのデパートやショッピングセンターに行けるようなら行き、そこでお気に入りの傘を1本新調します。土砂降りでコンビニに駆け込むしかない場合なら、そこで500円のビニール傘ではなく、黒い2000円の傘を買って、普段使いできるようにします。

僕は「突然の雨に降られたのでしかたなく傘を買った」のではなく、「突然の雨に降られたので、黒い傘を買った」ということになります。

僕が買ったのは、どれでも代用がきくような、「どこにでもある傘」ではなく、ビニールか、黒か、紺か、選択肢の中から「自分で選んだ傘」。

適当に選んだビニール傘は、どこかに置き忘れても、忘れたことすら記憶にとどまらないかもしれませんが、少ない選択肢であっても、「自分がきちんと選んだ2000円の傘」は、その後もずっと使いつづける新しい傘となりえます。

「安物買いの銭失い」は、お金さんが最も傷つく行為のひとつです。

使ったお金に「笑えるコピー」をつけなさい

使ったお金をメモすると言うと、「家計簿のようなものですか?」と聞かれます。

僕は家計簿をこれまでも現在も使っていませんし、家計簿のようなものというよりは、もっともっと「笑えるメモ」、というイメージです。

というのも、**僕が手帳に書き込む「出費」には、そのときの感情がこめられた「キャッチコピー」がついているんです。**

「初コストコ！　大興奮！　大容量ミートボール」

「テンションだだ上がり！　ディズニーランド」

「ひとめぼれなのにはじめて会った気がしない！　スニーカー」

みたいな感じです。

ここに書きながらでも、まだそのときのウキウキが蘇ります。

もちろん、ときどき、「ちょっと失敗だったかな」という出費もないわけではありません。でも「ああ、失敗したなあ」と感じてしまうときも、もちろん手帳に書き込みます。あとで自分が笑えるように、面白おかしいキャッチコピーをそえて。

「やっちまったな！　ウイスキー」

「やられたオトナ買い！　手負いのマンガ本3冊」

みたいな感じです。

一瞬の後悔や罪悪感を持ってしまったとしても、お金の流れは、笑いになれば問題なし。最終的に笑いになるところまでがひと

つのお金の使い方ストーリーですからね。

金運アップに家計簿は必要か？

こんなふうに、僕が書き留めているのは「お金の思い出」で、家計簿とは別物ですが、「借金返済に家計簿はつけたほうがいいですか?」と聞かれることもあります。スピリチュアルの世界だと、「不安になるなら家計簿はつけなくてもいい」というような伝え方もあるような気がします。でも、家計簿をつけたり、請求書に目を通して収入と支出について把握することは、現実を生きて、借金返済や貯蓄に取り組む人には必要だと思います。

もちろん、「家計簿」という形式である必要はありませんが、**お金には人格があ**

り、あなたの役に立ちたがっているのですから、「見えない」なら「見える」ようにしてあげたほうがいい。

つまりはお金を見える化してあげることですね。

僕自身は、「借金を返す」と決めたその日から、見たくなくてしまい込んでいた請求書の束を全部開封して洗い出し、お金を目の当たりにすることから、借金返済を始めました。

銀行へも毎日のように通帳記入に通いました。出金がある日も、入金がある日も、「今日は何もなかったかもな」という日でも、とりあえず通帳記入。

そして、スケジュールには、何日に何の引き落としがあるか（片手では足りないくらい、たくさんの金融機関からの引き落としがありましたからね）、日付と金額を、ひとつひとつ書き留めました。

電気や水道代の引き落とし、仕入れ代金、バイト代……そのときには素敵な手帳を購入する余裕もありませんでしたから、カレンダーの裏に手描きでひと月分の暦を書いて、そこに記入していたものです。

今でも僕は通帳記入の瞬間がたまらなく好き！　あの、「ジジ…ジジジ…ジ…」を着信音にしたいくらいですから、銀行へスタッフが行くと言っても、つい僕が行ってしまいます。

とにかく、お金さんの出入りを確認して、思い出を振り返りたいのです。

ちなみに、大借金時代の当時の通帳を、実は手元に全部残してあって、今でもときどきそれを眺めます。

なかには父親名義の通帳で借りた50万円の借金返済の記録もあって、毎月「マネーローン１３０００円」というデジタルの印字が続いているのを見ると「いやあ、振り返ると面白いねえ、よくやったよなぁ、お父さん、ありがとねえ、お金さん、ありがとねえ」と思わず笑ってしまいます。

これもまた、借金を返せたからできること。――やっぱり、お金の流れは最後は絶対に笑顔。笑いで回収しなくてはいけないってことですね！

お金は心配より信頼してくれる人が好き

お金で苦しんでいる人の多くは、お金の不安に苛《さいな》まれ、「いつかお金がなくなるのではないか」「老後のお金が足りないのではないか」と心配ばかりしているように見えます。

でも、当のお金さんのほうはというと、**心配されてばかりいると、その場から離れてしまいます。**

最近、子育てをしながらよく思うのですが、これは、まさに子どもを育てるときの感覚と似ているかもしれません。

常に「あの子、大丈夫かしら」と子どものことを心配し、自分が思ったように育ってほしいと思っていると、子どもはそれに反発したり、親が信じてくれていない自分自身を信じられなくなったりして、どんどん自信と自由を失っていきます。

子どもの力を信頼する。子どもをひとりの人間として尊重し、自由に幸せに生きていくことを祈り、見守ると決めると、不思議と子どもは親が信じてくれていることを感じて、自分らしく、生きていくことができるようになります。

お金の愛し方もこれと同じこと。
お金さんは、信頼されることで力を発揮してくれる存在です。

お金に対していつも「お金には痛い目に遭うんだよなあ」「どうせ僕のところには来てくれないんだよなあ」と、不信感でいっぱいだと「ああ、この人は僕のことを信頼してくれていないんだなあ」とお金が感じてしまいます。それではお金本来の力を発揮できません。

お金がある人というのは、お金が入ってくるようになって心配がなくなったからお金を信頼しているわけではなく、その逆ってことですね。

自分の人生さんとお金を信頼し、愛しているからこそ、お金が入ってくるようになり、よりいっそうお金への信頼を積み重ね、自分の人生さんが豊かになっていく……僕はそう思っています。

財布を
最高に居心地
よい場所に

お金劇場 6

3匹のコブタはそれぞれ、
自分のお財布さんを手に入れる旅に
出ました。
長男のコブタは拾った麻袋。
「ま、別に何でもいいっしょ」
お金さんはぜんぜん入ってきません。

次男のコブタは、
家のお手伝いをしてもらった毛糸で
お財布さんを編みました。
少しお金さんが入ってきましたが
次男は、
「こんだけしか入ってこねえよ」
と言いながら使いました。
お金さんは戻ってきません。

三男のコブタは、
革職人に住み込みで弟子入りし
立派な職人になり、
見事な細工の革の財布を
つくり上げます。
自分でつくった財布がうれしくて
毎日毎日財布に
ありがとうを言いつづけ、
そこにはたくさんのお金さんが
入ってきました。

あるとき、
三男の革の財布を盗もうと
オオカミがやってきましたが、
財布に住み着いたお金のヒーローが
オオカミを撃退してくれました。

お金が楽しくてしかたがなくなる居場所をつくれ！

どうやったらいいの？

まずは、どんなに少額のお金でも、
入ってきたときは心の底から
喜んで出迎えてほしいものですね。
少額といってもそれが増幅していくのが
お金さんたちですからね。

さらに、だ！　送り出すときも笑顔で送り出せ！

お金たちが居心地よく過ごせる部屋を与えろ。部屋ではなくもはや「城」だ！
いつだって滞在したくなるようにしろ！

お金が滞在時に喜んでいなければ、
おまえのところに来るのは、
それが最後だというくらいの覚悟で接しろよ！

お金さんたちの会話に耳を傾ける

「なんかさあ、コイケの財布、居心地いいよね」

「前は、財布ヨレヨレで、ボロボロで、居心地悪かったって噂《うわさ》だよ」

「そっかー、でも今はいいよねー。気持ちよくって、楽しくなっちゃうねー」

「本当だねー。ここはいいね。また来ようね」

お財布に入ってきたお金さんたちは、さまざまな宇宙からやってきています。そして、お財布の中で夜な夜な、情報交換をしています。

銀行でお金を下ろしたり、お釣りで入ってくるお金たちを財布に入れるとき、僕は「来てくれてありがとう。さあ、ここが君の居場所だよ、よろしくね」と心の中で伝えます。お金を使うときは「ありがとう、いってらっしゃい。お友達を連れてまた帰ってきてね」と伝えます。

お店のお金も同じです。借金時代から、最近のコロナ対策で対面でのブレスレット制作ができなくなるまで、僕はお店のレジ締めをして現金をレジから取り出すとき、お金さんたちひとりひとりに「お札」をしていました。

お札1枚1枚を机の上に並べながら、諭吉さん、英世さん、それぞれと目を合わせて「おかえりなさい、ありがとう」を2回ずつ繰り返します。借金時代からお店を開けた日は1日も欠かさず……ざっと15、6年は続けてきたことになります。たくさん売り上げた日は、3時間かかった日もありましたっけ。

自分でも変な儀式と、少しは認識していたのでしょうか（笑）。スタッフが増えてからは、スタッフが帰ったあとで、お金さんたちにお札をして、それから銀行へと持っていくのが日課となっています。

この口ぐせが日常になると、自然に本当に感謝できることにしかお金を使わなくなっていきました。

これは、節約、というのとはまた意味が違っています。心の底から喜びを感じることだけにお金を使うようになり、お金を笑顔で送り出すと、必ず、何倍にもなってお

金が戻ってくることに気づきました。

丁寧にお金を扱えるようになると、人生は確実に変わっていきます。

それは、最初にお伝えしたように、「あなたの宇宙で目に映るものすべてが自分自身ならば、お金もまたあなた自身」だから。

お金をどう扱うかは、「あなたがこの宇宙でどう扱われるか」に等しいのです。

お金への扱いを変えてみること。それによって、人生の前提が変化して、お金以外の問題もいつのまにか解消してしまうということも少なくありません。

小銭1枚にも「毎日あいさつ」できる財布に

お財布も、今と昔ではその存在意義が違ってきています。電子マネー化が進むなかで、硬貨とお札が減り、カードは増えたという財布も多いでしょう。お金持ちになるための必須の開運アイテムでもある「長財布」が主流だったハイブランドも、最近は見渡すとミニ財布が格段に増えています。

僕はというと、その流れとは別で、いまだに長財布です。でもこれは「お金を折り曲げずに持ち歩くと金運アップ」というよくある理由からではなくて、単純に長財布のデザインが好きだから。

僕にとっての財布は、スニーカーや車のように、人生に喜びをくれる、美しいもの。好きなデザインはゆずれないものです。

長財布のポケットには小銭を入れず、3つのポケットのある小銭入れを別に持っています。**3つの部屋は、500円玉さんの部屋、100円玉さんと10円玉さんの部屋、5円玉さんと1円玉さんの部屋に分け、お釣りをもらったら、面倒でもそれぞれの部屋に分けてあげます。**

彼らそれぞれに、居場所を与えて、3つの部屋に仕分けするとき、それぞれに挨拶もできます。「ようこそ」と言いながら、僕は硬貨ともやりとりをしています。

あなたのお財布にいるお金たちは、今どんな会話をしていますか。
お金はあなたに気づいてもらい、認め、声をかけてほしがっています。

お金の「個性」はイメージングで決められる

第1章で、「お金には自由意志がある」とお伝えしましたが、さらにお伝えすると、お金にはそれぞれ性格があります。

あなたが「お金ってこういうもの」と思う概念がそのまま、あなたの宇宙でのお金の性格をつくり出しているとも言えるのです。

たとえば、あなたが「お金は裏切りを生む怖い存在だ」と思っているなら、あなたの宇宙に存在するお金を擬人化したとしたら、オレオレ詐欺を行うような怖い人かもしれません。

逆にあなたが「お金は願いをかなえる最高の存在。人生のパートナーだ」と思えば、あなたの宇宙に存在するお金は、誠実で穏やかなあしながおじさんのような人かもしれません。

あなたはこれまで、あなたが与えた性格のお金たちと生きてきました。詐欺師やヤクザのお金さんと絡んできた人は、ずっと追われていたり、ずっとだまされたりしてお金にひどい目に遭わされてきたかもしれません（借金時代のコイケの場合は悪徳コンサルでしたよー。今は天使かな）。

あしながおじさんのようなお金さんたちと交流してきたあなたは、何かあればいつだって、お金に助けられ、お金に守られ、あなたがこの世界にいるだけでお金が入ってきてバックアップしてくれる、という人生を歩んできたかもしれませんね。

どんな性格のお金さんと関わっていくのか。

これまでがどうだったにせよ、これからは変えられます。

まずは、あなたがこの地球上で関わるお金さんを、誰か、大好きな人に置き換えてみること。

たとえば、何があっても助けてくれそうな映画のスーパーヒーローでもいいですし、子どものころ、何があっても味方をしてくれた優しかった祖父母でもかまいません。世界の大富豪、ビル・ゲイツでもいいですよ。

「君が大変なとき、必ず私が守るからね」

「あなたの夢は必ずかなえるからね」

そう言ってくれる人、お金のヒーローを、今日からあなたのところに入ってくるお金さんに宿らせます。あなたにとってのお金の象徴を決めるのです。

そして、毎日、お金さんを見ながら会話します。

まずは、電気代、食費、諸々、日々お金があなたにもたらしてくれている恩恵すべてに、感謝の気持ちを伝えてください。

そして、偉大なお金の神様のような人が、あなたのお金には宿っていて、何かあったらヒーローのように現れてくれることを常に意識するのです。

第3章

堂々とお金を招き行動しろ!

お金は「紐づけ」で招かれる

お金劇場 7

今日はなんだか運気がいい！
よし、追い風チャンス！
今日はとんかつだ！

よっしゃ、これで願いが
かなったぞ！

わぁ、水たまり!?
わぁ、カ、カラスが!
よっしゃ!
これで願いが
かなったぞ!

会社をクビになった！
大幅減給!?
そ、そんな！

う……こんなときこそ、
よっしゃ！
これで願いが
かなったぞ！

きちんと、
正しいオーダーで
お金を招けば、
すべての出費は
もっと大きなお金に
つながっている！

お金さんのポテンシャルって
僕らが考えているよりももっともっと壮大なのかも
ですね。

あたりまえだのクラッカーだ！

**コイケがたった40年で得た、
鼻くそ程度の経験・知識と、
宇宙にある無限の情報量を比べんじゃね
えぞ！**

またそれ！　もはや、格言ですね（笑）。

でも、本当に、お金さんたちの可能性って無限ですから。
これに気づいた人だけが、本当の豊かさを手に入れることができます。

宇宙にはよ、奇跡があり余ってるんだつってんだろ？
とにかく制限を外してオーダーするだけだ。
オーダー後にどんな道をたどるかは、宇宙にまかせて口出しすんな！
とにかく行動しやがれ！

「ゲン担ぎ」はなぜ効果があるのか

先日、お金の講座をやったとき、受講生の皆さんと一緒にとんかつを食べました。僕がとんかつを食べるときというのは、運気がちょっと落ちているように感じたとき、運気がとってもいいと感じたとき……って、いつでもですね！（笑）

とにかく、風邪っぽいなと思ったらとんかつを食べるし、なんか調子がいいぞと思ったら追い風のようにとんかつを食べます。

これは僕が日ごろから「とんかつを食べればネガティブなことはリセットされて、とんかつを食べれば追い風が吹く」と設定しているからです。

よく、一流のスポーツ選手が、ルーティンと呼ばれる儀式を行っていますが、あれと同じようなものです。

「これをやると、運がいい」

と、自分が決めてしまっているのです。

実際に「これをやったときにいいことがあった」ということを、自分のルーティンとして取り入れると、本当にいいことが起きるのは、宇宙の理にかなっています。

だって、そもそも私たちは、すべてを自分で決めています。

自分で決めるということには、宇宙を変えてしまうだけの力があるし、それこそが宇宙を変える力だからです。

現に、現在の僕らの宇宙を形づくっているのは、すべて、自分が「自分の宇宙はこうである」と決めた概念が形になったものでしかありません。

つまり、誰ひとり例外なく、思い描いた宇宙の中で生きているということです。

それなら！　僕たちは、いくらでも、自分の人生を変えていけるということ。だから、そのためのゲン担ぎは好きなだけやったほうがいいし、自分の中でのルーティンは心の底から信じてやってみたほうがいいということになります。

パワーフードをひとつ決めておくと、元気が出ない日や、朝からあまりよくないことが起きたというときに「あ、これでリセットできる」と気持ちを切り替えることができてお手軽です。頑張った日やうまくいっているときに「あ、これでさらによくなる」と自分を応援することができます。

あらゆる出費を「願いがかなう理由」にしてしまう

「これで願いがかなったぞ！」

これはもう、僕の本を読んだ人や、講座に参加された方なら耳にタコができるほど聞いている口ぐせだと思いますが、**宇宙に願いをオーダーしたあとに起こるすべてのことは、オーダー実現のために起きていることです。**

それが一見ネガティブなことであったり、絶望的に見えたとしても、必ず、その先にあるのは、あなたが願った未来です。

だから大切なのは、オーダーしたあとに起きるすべてのことに「YES」と言う勇気と心構えです。

宇宙へのオーダーのあとというのは、思いもよらないトラブルに見舞われることが少なくありません。それは、これまでが不幸であれば不幸であるほど、大きなものとなることがあります。

なぜなら、その状況を幸せな未来へと導くために、これまでの人生とはまるで違うフィールドに向けて、大きな舵変更が必要になるからです。

「しっかり稼いで、愛する人に出会い、家族を幸せにして笑顔あふれる人生を送る」とオーダーした、年収350万円だった30代の男性がいました。彼は副業を始めると、少しずつ副業がうまくいきはじめます。「これなら、いずれは副業で独立することも考えながら頑張れるかも」と思っていた矢先、会社が倒産してしまいました。

「ああ、一度副業をお休みして、就活しなくては」

と言う男性に僕は、賞賛の言葉をかけました。

「素晴らしい！　おめでとうございます！　さっそく宇宙が舵を切りましたね！　こ

のまま会社員との二足のわらじだと、オーダーした世界に行けないんですよ。さあ、気合い入れて頑張ってくださいね！」

そうすると、男性は苦笑いしながらも、「ああ、そういうことですか」と、副業を本業にし、本気で稼ぐことを誓ったわけです。

その後、数年で、その方の年収は３０００万円を超えました。愛するパートナーに出会い、思い描いた人生が現実のものとなったわけです。

そう、オーダーしたあとに起きることは、乗り越えられる壁であって、あなたの能力の発揮場所となります。自分の力をみくびらず、思い切って前に進むだけ。必ずよい未来にたどりつきます。だって、あなたがオーダーしたんですから！

同じようなことは、恋愛でも起こります。

「結婚して、自由に、幸せに、お金に困らない生活を送りたい」と宇宙にオーダーした女性が、結婚相談所でふと気になったのが年収３５０万円の30代の男性でした。会ってみると、とても気が合って、はじめて会った気がしませんでした。

「でも……私は、お金に困らない幸せな生活を宇宙にオーダーしたのに」と思って、年収1000万円の男性とたくさんお見合いをしてみたそうですが、彼と会うときはど楽しくなく、将来を考えられる相手ではなかったそう。

結局、その彼のことが好きになった彼女は、年収なんて関係ないかもしれない、彼となら一緒に働きながら頑張ることも苦ではないと思い、彼との交際を進めてゴールイン。すると、彼が実は、会社勤めをしながら副業で稼いでいる男性だったのです。男性の会社がその後倒産すると同時に、副業を本業にして独立。

「幸せな人生」を宇宙にオーダーした彼女は、結果的に、年収3000万円の男性と人生を歩むことになったわけです。

はい、もうお気づきでしょうか。

この例の前半の男性と後半の女性、それぞれ、宇宙に願いをオーダーして、波乱があってから、お互いに出会って幸せになったカップルのお話でした。

宇宙に願いをオーダーしたなら、すべてのできごとはオーダーに通ず。

もう絶対に何が起きても、こうつぶやいて乗りきってください。

「やった！　これで願いがかなったぞ！」

地球の原則は「行動せよ」、いつでも「動くか？」が試されている

お金が豊かに回る法則というのは結局、すべての願いをかなえる宇宙の法則そのものです。

だから、これまでの僕の本でもお伝えしてきたように、**宇宙に願いをオーダーしたら、もうその瞬間、宇宙が動き出しています。**

だからこそ、宇宙へのオーダーはまず、自分の「人生さん」が本当に望むものを中心に行うことが大切です。

「100万円が入ってきますように」というオーダーは、宇宙には「聞こえない」オーダーです。お金はあくまでもツールですから、宇宙としては「え？　で、願いは

何だっけ？」となってしまうのです。

「3年後、ハワイでフラダンスの先生として活躍しています」

というように、具体的に期限を決め、未来の幸せな状態をオーダとします。それを受け取った宇宙は、それに必要なお金もあわせて用意してくれます。

オーダーした瞬間、そこに向けて宇宙が舵を切るので、あとは、起きるできごとに対応しながら、降りてきたヒントを確実にこなしていけばいいだけです。

たとえば、何十年も会わなかった人に街で偶然に出くわしたり、自分が学びたいと思っていた講座の情報がタイムラインに流れてきたり。必ずヒントがやってきます。

それをしっかりキャッチすること。

そして「あ、これヒントかも」と思ったら即座に動いてみることです。

ここで、「いやあ、でもこれはヒントかどうかよくわからないしな」と二の足を踏まないこと。とにかく動くこと。

それがヒントだったかどうかはあとでわかる話です。それも、動いた人だけがわかること。やっぱり、どこまで行っても地球って行動の星ってことですね。行動するかどうかが、常に試されているんです。

いつも「今」お金の不安が消えない人が見るべき「半歩先」

「今を生きる」

この言葉を聞いて、どんな印象を抱きますか？

今この瞬間を一所懸命に生きる、と取る人が多いように思いますが、**僕が伝えている「今」というのは、自分がコントロールできる範囲の、ほんの少し先の未来のことです。**

なぜなら、今この瞬間の「今」は、もう「今」と言った瞬間に過去になっているので、自分でコントロールすることはできませんよね。

だからこそ、ほんの数秒、ほんの数分、ほんの数時間、ほんの数日の単位を「今をどう生きるか」と結びつけて考えて、行動してほしいのです。

お金の使い方もそう。**今、その手にあるお金をどう使うのか考えられるのは、お金を出した瞬間ではなく、ほんの少し前のその時間に、どれだけそのお金さんとのやりとりができるか**ということだからです。

もう少し言えば、日頃から自分の軸、お金の使い方の指針を決めておくことも大切です。そうすれば、差し迫ったときに瞬時に自分のお金の使い方を判断できるようになっていきます。

これが、今この瞬間だけに囚《とら》われていると、いつも知らないうちにお金が消えて行き、いつもなぜか困った人生を送り、いつも汚い部屋で、いつも人間関係のトラブルに見舞われて……という「いつも困った今」が繰り返されます。

「今」に煮詰まっている人は、今すぐにとりあえず外に出て、世界が広いことを確認してみてください。自分が「今」立っている場所よりも、もっと広い世界があることに気づいてほしい。

そうしたら、ちょっとだけ先を見られるようになるはずです。

ドリームキラーを撃退する

お金劇場 8

「よおし！　決めた！
世界一周クルーズをするぞ！」
「コ、コイケ……！
ほ、本気か……！
オレの席もあるのか⁉」

「さぁ、頑張るぞ！」

「い、イカダかい！」

そんなとき、
老人が通りかかりました。
「まさかイカダで海に出るつもりか？
もう使わないクルーザーが
あるんじゃが、
使ってもらえんか」
「ええっ!!」

こうしてコイケは
大きなクルーザーをもらい、
誰もが予想もしない方法で
世界一周をかなえました。

お金にまつわるオーダーをしたときも、
必ずドリームキラーはやってくるぞ！

ひいいい。どうやって切り抜けたらいいの？

まあ、そんなに怖がらずに、
まずは地に足をつけることですね。
他人の声も、結局、自分の宇宙では自分の声ですから。

誰にバカにされようと、
ありえないことだと言われようと、
絶対に引かないことだ。
やるって決めたら、とにかく動け！
失敗したら失敗したで、また次の一歩を踏み出せ。
他人の目なんて関係ない。
おまえの人生におまえが責任を持って、
ドリームキラーを蹴散らせよ！

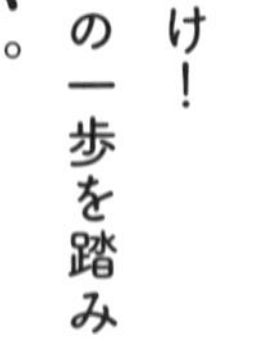

お金のドリームキラーに出合ったら「これ」を唱える

宇宙に願いをオーダーしたら、必ずドリームキラーが現れます。

これは、今までの宇宙から、新たな宇宙へと移行するときに、宇宙が「本当にその道を行く覚悟があるのか」を試してきている証拠。

そのドリームキラーはさまざまな姿をして現れます。

たとえば、独立を決めて動き出そうとしたときに友人の姿で「独立なんてそんな簡単にうまくいくはずがない」と猛反対してきたり、結婚を決めようとすると「結婚なんて人生の墓場だ」と言う人が現れたり。

とにかく、元の自分に引き戻そうとします。このときに、

「僕はオーダーどおりの道を進みます」

と宇宙に宣言できるかどうか。これが、オーダーをかなえる重要なカギなのですが、お金についてもやっぱりドリームキラーはやってきます。

たとえば、浪費のリボ払いをやめて、年内に返済すると決めた途端に、営業をしている友人から「今月ノルマが大変で100万の商品を買ってほしい。リボでも大丈夫」とお願いされるようなときなど、これもまたドリームキラーですね。

必要なのは、お金を得て幸せになる勇気であって、お金と真剣に関わる勇気。

お金さんたちも、宇宙も、それを見ています。

特にお金のドリームキラーというのは、その人がお金の問題を直視して向き合い、解決しようとするまさにそのときに、その先にあるお金に恵まれる人生を阻害しようとしてやってきます。

現れるタイミングは、一番、意識しなくてはならないところ、一番これまで見ないようにしていたところ、自分の中で上手に隠せていると思っていた人生の課題に向き合おうと一念発起したそのときです。

だから、お金にまつわるオーダーを宇宙に送ったのなら、自分の中で意識的に、納期、締め切りなどの期限や数字に目を向けること。そして、「おまえには無理」とか「パチンコ行こうよ」とか、そういうときに声をかけてくるドリームキラーに「ＮＯ」と言うことです。

もちろん、そこに手を出すのは一番怖いはずです。「ＮＯ」と言うことも、はじめての体験かもしれません。

でも、同時にそこに向き合うことができたら問題のほとんどはもう解決済み。現在いくらたくさんの借金があったとしても、もう解決の道筋はできています。

自分の心が「ドリームキラー」になることもある

ドリームキラーは、目の前に現れる誰か、とは限りません。

ときには自分の「心」が、ドリームキラーになることもあります。

本当に心から望んでいることなのに、「心がしかけるウソつきゲーム」によって、実現を自分で阻んでいることがあるのです。

人の心は、脳からの信号による身体反応です。人間を動かすための指令のようなものと言ってもいいでしょう。いつだって、身体の安全が最優先。身体が傷つかずに安全にこの地球を堪能できるよう、心は人間を操ります。

だから、危険だと感じることに対してとても敏感。あなたの中の本当の本当の本当のあなたが望んでいることですら、なんとかごまかして、危険なことを避けようとする。だから、**あなたの心は、あなたの中の本当の本当の本当のあなたにウソをつく存在とも言えるのです。**

心が感じる「危険」というのは、幼少期に学んだ「これは危ない」と思うことを無意識に避けようとする安全装置のようなものです。

親から学んだお金とのつきあい方や、生き方もまた、この安全装置を生み出しています。

「お金に苦労しないように公務員として生きるのが一番」

「人生は学歴と一流会社に入れるかどうかがすべて」

というような、親が培ってきた幸せになるための方法であったり、親自身ができなかったことを子どもを通じてかなえたいこと。もちろん、親の多くはそれが「子どもの幸せのため」と信じているわけですが、これは、事実ではありません。

そうとわかっているのに、子どものころに学んだ、幸せの指標や人生を安全に過ごそうとする安全装置は、大人になっても働きつづけます。

広い世界で自立して生活し、自分で選択することができるようになってもなお、不確かな、子どものころの安全装置が身を守ってくれるのだと、心は健気《けなげ》に信じつづけているのです。

心は、身の安全を最優先して、本当に望んでいることに気づかないように、いつのまにか、植えつけられた価値観であなたを生きさせようとします。

そんなあなたは「これが正しい」と信じながらも、どこか違和感を抱えながら生きていくことになります。

そう、**心のウソを見抜くきっかけがあるとするならば、なんとなく感じている違和**

感。そして、そこにワクワクがあるかどうかです。

物質世界で生き抜くために備えられた「心」と、宇宙に近い存在である、本当の本当の本当のあなた（である魂）。

つまり、宇宙とつながる潜在意識は気づいていますから、宇宙を通じて何かしらの気づきのメッセージを送ってきています。

それが「違和感」というわけです。

今の自分の生活に違和感を感じることがあるとすれば、それは、人生を見直すチャンスと言えるかもしれません。

いいか、開運法なんてのは
奇策じゃねぇ。
あたりまえに見えるのに
誰もやらないことだ。

第4章

お金が「笑う」使い方をしろ！

やっと来た!
お金の呪縛を
解き放つ時代

お金劇場 9

コイゼルと宇宙テルは
森の中で迷子になりました。
「あ！　金貨だ！」
ふたりは足元に金貨を見つけ、
それをたどって歩きました。

やがて、ふたりは
金貨でできたお家に
たどりつきました。

「わああ、すごい金貨！」

コイゼルはその金貨を袋に詰めて
こう言いました。
「よーし!
これで僕は
世界一のお金持ち。
この場所は誰にも知らせない」
そう言った瞬間、
金貨と金貨の家は
消えてしまいました。

コイゼルは
その金貨を袋に詰めて言いました。
「よーし、これを持ち帰って、
皆で何か楽しいことをやろう。
この場所も皆に教えて、
一緒に幸せになろう!
金貨さん、ありがとう!」
その瞬間、
金貨の家はさらに大きくなり、
空からはたくさんの金貨が
降ってきました。

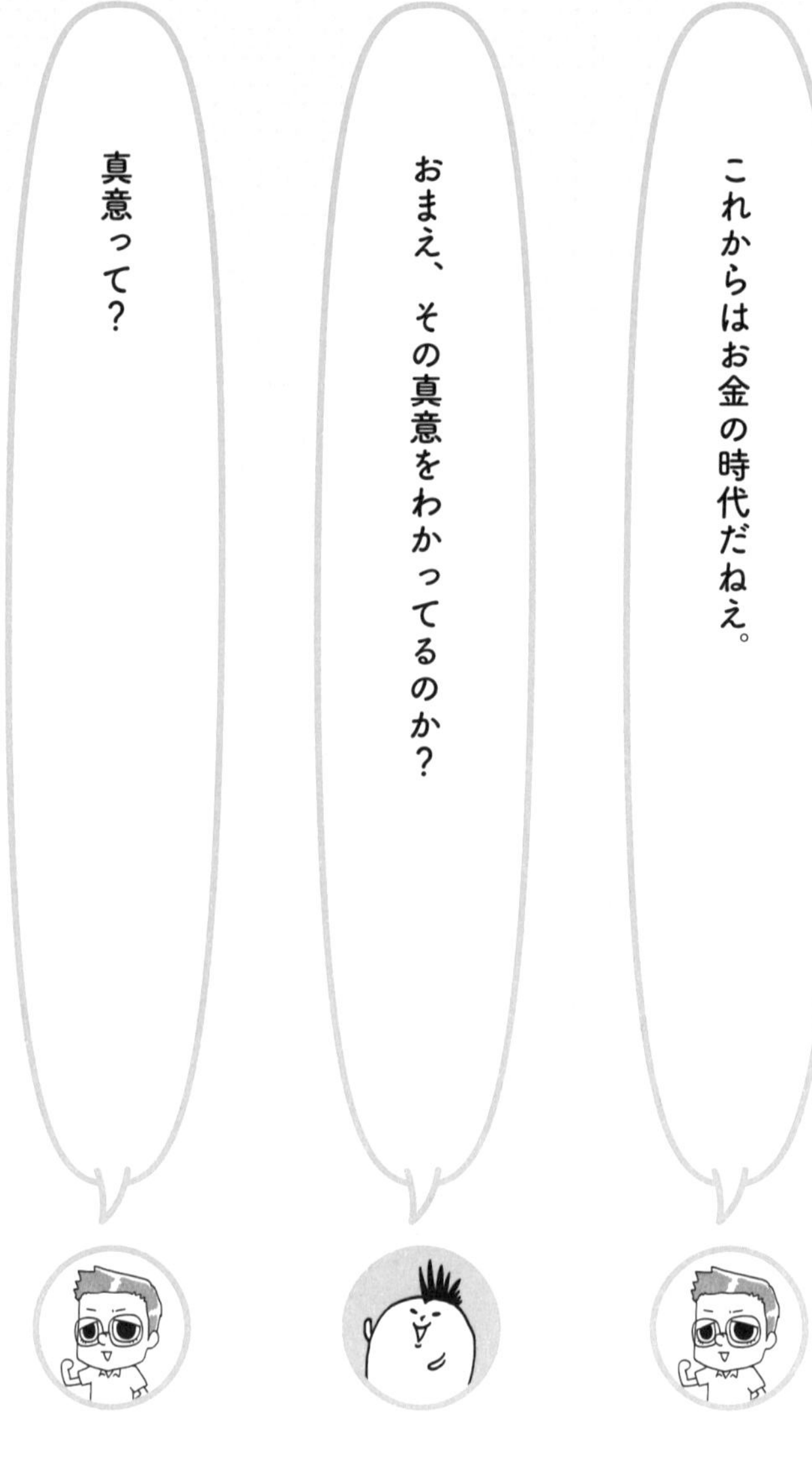
これからはお金の時代だねえ。
おまえ、その真意をわかってるのか？
真意って？

お金の時代というのは、つまり、
お金の時代が終わる時代でもあるということなんです。
物質的なお金は、どんどん
粒子のように目に見えないものになっていきますからね。

これからの数年間は、これまでの古い
お金との関わり方を
どれだけ変えていけるかが勝負だ！
さらに循環の時代に入るから、
すべての人が笑顔になるよう、
そして自分自身が幸せになるように
お金を使っていかない限り、
お金持ちにはなれないぞ！　いいな！

風の時代がなぜ「お金の時代」なのか

風の時代がやってきた。

と、2021年、多くの人が言いますが、僕は正直、スピリチュアルな世界の話や星の動きについてはよくわかりません。ただ、僕が個人的に感じる宇宙の流れとして、確かに今、宇宙が大きく変化しているのを感じています。

物質的な時代から、情報の時代へ。

安定から、旅するように価値観を変えていく時代へ。

それを「風の時代」と称するのであれば、それは合っているのかもしれません。

僕は2021年に入り**「お金の時代がやってきた」**とお伝えしています。

これは数年続くことになるでしょう。

僕が言う「お金の時代」とはどういう意味なのかというと、お金を重要視する時代という意味とは反対、その逆のことが起こります。

「お金に囚《とら》われない時代」への変化を意味していると、僕は考えています。

これからは、すべての物質的なこと、決められたルールや概念から解放されて、個々のルールで自由に、でも、幸せに生きていくことができる時代になっていきます。

お金もどんどん自由になっていきます。

これまでは紙幣＝お金、コイン＝お金だったものが、電子マネーにごっそりと変わろうとしていますね。お財布も小型化していますし、ひと昔前の「お金持ちになりたいなら、お財布に100万円を入れて、その重みを感じてみましょう」なんていう開運法も、そのうちなくなるのかもしれませんね。

これまでのお金の価値観を手放していく、という意味で、ここ数年は徹底的にお金の概念と向き合う時代です。だから僕は「お金の時代」とお伝えしているわけです。

また、これからの時代は、お金をたくさん稼いで貯金しておく、というよりも、それを風に乗るように回していくほうが重要で、どう使うかが大切になってきます。

豊かさを1か所にとどめておくのではなく、積極的に、家族や周囲の人までもが幸せになってくれるような使い方が宇宙からも祝福されるでしょう。

お金はより、物質という概念を離れて、自由意志を開花させていますから、「お金さん」をあなたの宇宙の中で、これまでよりももっと自由な存在にしてあげること。

否定せず、その動きを止めず、軽やかに。お金が幸せでいられるようにしてあげることが大切なのです。

お金を閉じ込めてはいけない

お金に自由意思があるということはつまり、自分のところに来てくれたからといって「私のものだから、私の言うとおりに」とはいかないということ。**お金を閉じ込めようとしたり、手下のように扱う人には、お金が集まりません。**

日本には、八百万《やおよろず》の神の考え方が根づいていて、すべての人は神の子で、すべてのものには神が宿っていると考えられています。この思想からすると、お金もまた神様ですね。もし可視化するとしたらそれは、金色の龍かもしれません。

龍が、自由に空を駆け巡りながら金の粉を振りまいていくのを想像してみてください。降り注いだ金の粉の下に豊かさが生まれ、宇宙が黄金色に輝き、人々はさらに幸せになっていくとしたら……誰も、この龍を閉じ込めようなんて思いませんよね。

そして、お金さんの入ってくるお財布や通帳は神社や神棚のようなもの。

だから、お金の神様があなたの財布にやってきてくれたら、大切に出迎え、心から敬い、出ていくときも最敬礼するくらいの気持ちでいることが大切です。

お金が行き来するという豊かさの宇宙とのつながりを切らずに、広げていくイメージを常に描きます。

手元にある「小さなお金」に本気になる

お金劇場 10

おじいさんに助けられた
コイケ鶴が娘に化けて、
恩返しにやってきました。
「布を織り上げるまで、
決してのぞかないでください」
そう言って娘は、
部屋に籠もってしまいました。

「ぐぬぬぬぬ……。
限られた羽根、
大切に、考えて考え抜いて
使わなくては！」
コイケ鶴は、
1本1本を心から大切に
試行錯誤しています。

数か月後……

「そういえば、
あの娘さん
まったく部屋から
出てこんな」

「本当ね。
毎日ご飯を置いていますが、
完全に引きこもりに
なってしまいましたね」

「吟味するのは
確かに大事だ。
そうだ、確かにそうだが、
いったいいつ完成するんだよ！」

いつか人生に出現するかもしれない
〝夢のお金〟に思いを馳《は》せてんじゃねぇぞ！

それって、宝くじとかのことですよね。

「いつか」っていうのは、
宇宙では拒否のエネルギーですからね。
お金さんたちも「あ、あそこは拒否されてる」って思ってしまいます。

じゃあ、どうしたらいいんだろう。

今使える限りあるお金をどうやって工夫して、
笑顔と幸せに変えるかを考えることが大事だ。
たとえば、150円しかないなら
その150円で何を買うのか、
考えられる限りの使い方を
真剣に考え抜け！
すべてはそこからだ！

今あるお金をどう真剣に使うか

人って、どうしても、今持っているものが「当たり前」になってしまって、「ある」ものよりも「ない」もののほう、自分が持っていないもののほうに、目を向けてしまいがちですよね。

すでに持っている豊かさに改めて気づかせてくれるのが「ありがとう」という言葉です。

「ありがとう」は、その言葉そのものが豊かさのエネルギーをたたえたキーワードです。いつでも、どこでも、ありがとうを口ぐせにしていると、たくさんの奇跡が起こります（僕自身に起こった奇跡は、ドS本の第1作目にすべて事実として書いているので、読んでみてくださいね)。

そして、もっともっと豊かになりたいと思うなら、いっそう、今手元にある自由になるお金さんと、徹底的に会話をし、とにかく真剣になることです。

真剣に、ありとあらゆる可能性を考えて、使われるお金さんが「そんな使い方あったんだ!」と思わず笑ってくれるような、お金さんが喜ぶ使い方。小さなお金であっても、そんなふうにお金を使っていくことが、何よりの金運アップの奥義《おうぎ》です。


コイケは大借金時代のど真ん中は、洋服のセレクトショップを運営していました。

「借金を絶対に返す」と決めてから、まず、迷ったのはこのまま店を続けながら返済をするのか、それとも、店を畳んで会社員になるのかということでした。

といっても、これはすぐにどちらにするかは決まりました。毎月45万円の返済をしている僕が、地方で会社員になったところで返済額分稼げることはありえなかったし、さらにバイトをしたとしても不可能な額でしたから。それなら、自分の店でどう稼いでいくかを考えるほうが、明らかに目の前の道が開けていきました。

そこで、早朝のイ〇ンの品出しのバイトをしながら、店は続けることにしました。

僕は当時流行《はや》っていた和柄の洋服に路線を変えて、再出発しました。

「よし、できることは何でもやるぞ！」

そう思ったとき、人間は本来持っている神の領域の力を発揮するようになるのでしょう。まず、弱音なんて吐かなくなりました。

その代わり、今手元にあるお金の使い方には、徹底的に向き合うようになりました。そう、1万円、1000円、10円だって！

セレクトショップの仕入れは、買取です。だから、売れなければ確実に赤字。洋服屋さんである以上、同じ商品のXSからLLまで取りそろえたいところですが、なんせリスクが高い。だから僕は仕入れのときに、「この柄を好みそうなお客様は……」と、まず常連客を思い浮かべ、購入度が高いサイズだけを仕入れました。

購入を決定するまでにあまりにも長い時間をかけるから、メーカーの人があきれるほど。でも、使えるお金はごく限られているので、こっちは必死です。

もちろん、「使えるお金の使い方を徹底的に吟味する」というのは生活の面でも同じです。150円しか手元になければ、その150円で買う焼き鳥は、串がいいのか、それともタレが多いぶん、缶詰がいいのか。その金額で楽しみ尽くせる最大値を、僕はどんなときも探していました。

そうそう、こんなこともありました。

東京で働いていたときのこと。仕事上腕時計が必要になりましたが、手持ちが少ない僕は、予算が3000円しかありません。

ショッピングセンターに行くと、予算内でも普通に使うことのできる時計は売っていました。でも、どうしてもデザインに納得ができなかった僕は、2軒目、3軒目と、いくつものお店をはしごしました。大金とは言えないかもしれないけれど、せっかくの3000円です。適当なものを、イヤイヤ身に着ける気持ちにはなれませんでした。

何軒目だったでしょうか（池袋のパルコあたりだったのかな?）、僕はある時計を一目見て、「わぁ、面白い!」と思わず声をあげました。

それは、シンプルな黒の円盤の中に、これまたシンプルな数字の並び。でも、その時計は、斜めから見ると円盤の上にまあるくドーム型が浮かび上がる、不思議な仕掛けがあったのです。ちょうど予算の3000円。僕はホクホクした気持ちで購入しました。

身に着けていると、仕事中に「すごい!」「面白いですね!」と、話のきっかけになったりして、僕はその時計をずいぶん長いこと大切に使いつづけました。僕には3000円どころか、その10倍以上の大きな価値をもたらしてくれた時計です。

得たいお金のことばかりに目を向けずに、「今使えるお金」に全身全霊を傾けると、お金さんがまず「あぁ！　私の存在にやっと目を向けてくれた」と、目を輝かせます。

これがお金との関わり方のリスタートです。

自由に使える手持ちが1万円なら、その1万円を何に使うのか。心の底から真剣に考えてみてください。お金さんが笑う、喜ぶ使い方は何でしょうか。

僕が1円も出さないこと

僕は普段、気前よくぱぱっとお金を使っているように見えることがあるのかもしれませんが、実はそうでもありません。

そこに「喜び」と「ワクワク」が生まれるか。
ワクワクしないものには、今でも1円も使いません。

この喜びやワクワクは、あとあと罪悪感に変わることのない純粋なもの。

ときおり「お金を使うときはワクワクしていますが、使ったあとで、ものすごい罪悪感で……」と言う人がいますが、これは、実は、本当の意味で喜びとワクワクを味わえていません。

なぜかというと、お金を使ったあとで罪悪感に苛《さいな》まれる人のほとんどは、心の奥底ではそうなることを知っています。そのうえで、衝動に勝てずに使った結果。だから、その罪悪感は「わかっていたのに自分を律せなかった」という罪悪感だったりします。

使う前にそれがわかるか、わからないか、というと、僕は自分のことならわかります。それは、お伝えしたように、お金を使うときに、常にとことん吟味しているから。

吟味する時間も、僕にとっては幸せな瞬間なんですよね～。

これはよく話すことですが、**お金は常に先払いの法則で動いています。**

たとえばそれは、ブタの貯金箱にお金を入れると、ブタの貯金箱が「豊かさの増幅装置」のように動き出し、彼の内側に無限に広がる豊かさが、僕に降り注いでくれるような感覚です。

僕は、喜びの生まれる場所に喜んでお金を使います。

自分が大好きなスニーカーや時計、車。そして、大切な人たちとの食事。これらにお金を惜しむことはありません。

そこで使ったお金と、生まれた喜びが、循環して必ず僕の宇宙を豊かにしてくれることを知っているからです。

お金の使い方の軸はいつもそこに「喜び」が生まれるかどうか。

使った自分はもちろん、お金さんのほうも楽しく、そして面白がってそれに「成り代わって」くれる使い方を、ひとつひとつ積み重ねてみましょう。

「金運アップのための先払い」と「浪費」を見分ける方法

お金はもちろん、宇宙のすべては「先払いの法則」で成り立っています。

宇宙にまず願いをオーダーするからこそ、宇宙が動き出し、宇宙に質問するからこそ、答えが返ってくる。勇気を持って踏み出すからこそ、「おかげ様」が現れ、幸せになる覚悟をするからこそ、幸せな状態が生み出されるわけです。

だから、すべては先払い。

僕は、一歩踏み出す勇気を忘れずに、先払いをしてほしいと思うんです。

そして、先払いの法則とお金についてお話しするときに必ず出てくる質問が、

「先払いと浪費の違いって何ですか？」

ということです。毎回のようにご質問をいただくということは、お金の問題を抱え

る人ほど、この違いに悩みがちということなのかもしれません。

先払いするときに「お金さんを嬉々《きき》として送り出しているかどうか」が分かれ道であり、その先払いが「オーダーした理想の人生を手にするために自分の人生に隙間を持つための先払いかどうか」が大事です。


そうお伝えしていても、先払いのつもりで出費しても、結局、ただの散財に終わってしまう、という人もいらっしゃいます。

この場合は、まず、**お金を失うことによって何を得ているのか**、について考えてみてほしいのです。

これを、心理学用語では「二次利得」と言うのですが、ご本人がどれほど苦しんでいたとしても、それを続けてしまうということであれば、何かを失っているように見えて、〝実は手に入れている何か〟が確実にあります。

たとえば、お金を失う、お金を得られない状態にあるということによって「素晴らしい自分であることを放棄することができる」というような場合もあります。

お金がない、お金を得られないから、本当はやりたいあのこ

とから逃げていてもいい、と自分に免罪符を与えているのです。

「そんなことを望む人間がいるの？」と思いますよね。

でも、考えてみてください。自分が目立たずにいたこと、才能を発揮しなかったことによって、自分の立場が守られた経験などがあると、「これが一番安全」と無意識は判断することってありえますよね。

この二次利得を探すのであれば、自分に対して、宇宙に対して、こうたずねてみることです。

「こうやってお金を自分から手放すことで、私はどんな恩恵を受けている？」

すぐには答えが思い浮かばなくても、ふとした瞬間に気づくことがあるでしょう。

嬉々としてレジに向かい、お金を支払いながら、「ありがとう！　お友達を連れて帰ってきてね」と言ってお金を使えているならば、先払いできていますよ。

自分が浪費傾向なのか、それとも先払いができているのか、自分を見直してみてくださいね。

「人にごちそうするのが好き」な人に起きていること

「お金が寄ってこない人って、どんな人ですか？」と聞かれたら、それはズバリ、**自分の中の本当の本当の本当の自分に絶賛されないお金の使い方をしている人**、と僕なら答えます。

そんな人のお金の使い方の特徴に、「とにかく人にプレゼントしたり、奢《おご》ったりしてしまう」というものがあります。こういう人は、人に対してお金を使うことを最優先しながら、自分にお金を使うことに抵抗がある人です。

いつも人を優先させてしまう。

そんな人は「私だけいつも損する」という意識に陥ります。

こんな気持ちが根底にあると、誰かを幸せにするためにお金を使っているように見えても、相手は気持ちよく「ありがとう！」と受け取ってくれません。

というのも、**人の根底にある思いは、非常に強いエネルギーで、周囲に「伝わって」しまうものだから。**奢ってもらったできごとよりも、「私だけいつも損する」という、ごちそうしてくれた相手の重たい感覚を受け取ってしまいます。

ごちそうされたほうは「なんか、悪かったな」と思うようになり、結果、関わりたくないな、と思うようになり、気持ちが離れていくのです。

だから、これを続けていると、いつのまにか、豊かな人間関係が築けなくなっていきます。そして、せっかくやってきたお金さんを、常に、人のために使っている……。

しかも、そこに心からの喜びを感じられていないなら、お金さんはきっと、「私はあなたのことを幸せにしたくてやってきたのに、あなたは人のために使いながら、不幸せな顔をするのね」と、悲しげな顔をするでしょう。

どんなに少額でも、自分に使えるお金、それも喜びを感じられるお金を残し、使うこと。お花を買う、ラテを飲むだけでもいいですよ。

ちなみに僕はというと、返済額を間違えたフリをしてでも、発泡酒代の数百円だけは確保していましたっけ。小さな幸せの記憶です。

お金は
貯められるより
流れたがっている

お金劇場

11

あるところに
まじめなきこりがいました。
「金のオノを手に入れて、
世界一のきこりになる！」
毎日神社に「ありがとうございます」
と伝えてから
仕事にでかけていました。

あるとき、
きこりは仕事中に手を滑らせて
鉄のオノを
泉に落としてしまいました。
ボコボコと音を立てながら、
泉の中から女神様が現れました。
「私は、大いなる泉です。
いつもお賽銭《さいせん》、ありがとうございます。
あなたがほしいのは
金のオノですか？
銀のオノですか？」

まじめなきこりはこう言いました。
「僕が落としたのは鉄のオノで、
しかも、お賽銭ってわけじゃ……」
すると女神様の顔が
みるみるうちに恐ろしい顔になり、
手にはオノではなく、ハリセンが。
「ばっかたれが！　このコイケ！」

「オレ様が賽銭つったら賽銭なんだよ！

しかも、金のオノが欲しいか？

つってんだから
欲しいって言え！　このやろう！」

「え！　え！　これって、こんな話？」

「オーダーして、行動したんだから、受け取りやがれ！」

神社でお賽銭をしたり寄付をすれば、お金が入って
くるって思っている人が多いよね。

まあ、間違いではないがな。
どういう心でそれを行っているかが
問題だ。

イヤイヤ寄付をすれば、お金たちが悲しみますからね。
お金を使うときはとにかく、お金たちも自分も
笑顔でいられるかどうかがカギ。
笑顔で寄付できるならば、
その寄付は豊かさを連れて帰ってくるでしょう。

一寸先は光だからな。

それを忘れずに、コイケのようにいつもニマニマし
ながらお金を使えるやつは、
なんだかんだいっても
お金に好かれる。

お金に怯えているやつのところに、
お金が来ると思うなよ!

貯める目的を「不安解消」ではなく「行動」に変えなさい

お金を常に動かして豊かさを振りまいていく時代。お金の使い方についてこれまでもお伝えしてきましたが、**「お金がなくなることを心配して貯める」という方向に動いてしまうと、昔のお金の概念に逆戻りしていく**ことになります。

「お金を貯めて、講座に通いたいから」とか「お金を貯めて、キャッシュで家を買いたいから」とか、使う目的をオーダーした上でお金を貯めるのはもちろん願望実現への行動のひとつですが、「もし病気になったら困るから」とか「老後の資金がないと生きていけないから」という理由でお金を貯めようとすると、それらがオーダーとなってしまって、心配が現実になるということが起こります。

恐れから発信したこと、行動したことは必ず、恐れを増幅さ

せて現実世界に実現させてしまいます。

一時的にお金を貯めるにしろ、使うにしろ、いつだってお金と関わるときは笑顔でいるのが鉄則です。

「豊かさを体験したいからお金を貯めてるんです、ぐふふふ。お金さんたちありがとう！　ちゃーんとあとで使わせていただくからねー。わーいわーい」

こんな人は、お金を貯めることによってさらなる豊かさを体験することができます。

お金さんにはいつも笑顔で接してあげてください。

「一寸先は光」

そう信じて疑わない人は、常に笑顔でいることができます。そして、笑顔でいる人というのは、必ず、笑顔の人が集まってくるのです。

もちろん、人間ですから、不安になることもあれば、うまくいかないことだってたくさん起こりますが、そういう場面でも、「よし！　笑顔で頑張ろう」って思えた人だけが光をたぐり寄せますし、もう一歩前に出て光の差す場所に進むことができるのです。

寄付で金運アップする人、しない人

「お金持ちになるには、寄付をしなさいって言われるから、頑張ってしようとしているのですが、自分自身がお金に余裕がないのに寄付をしていると、なんだか苦しくなってきてしまいます」

僕のお金の講座の受講生がそんなことを言っていました。

寄付にまつわる話というのは、その人の今の状況、寄付をしたときにどんな気持ちになるか、がとても大切だと思っています。

もともと「寄付をしなさい」「大富豪は皆、寄付をしていますから真似をしましょう」という考え方は、ユダヤの大富豪たちの中で古くから習慣になっていることでもあるようです。

彼らは、自分たちが気が遠くなるほど稼ぐこと、豊かさを得ることに許可を出すために、その1割を社会のために使うという習慣を、代々続けています。

自分たちが得たお金を、誰かのために使うことで、そこに豊かさの循環が生まれる。

だからこそ、「私がもっと稼げば、世界じゅうの人が幸せになれる」と、いくらでも稼げるマインドを持ち、経済活動を継続させていくことができるのだと思います。

そして、借金があったとしても、その大富豪の習慣を真似て「寄付をする」という行為は、正しくもあり、間違ってもいます。

どう正しく、どう間違っているのかは、**使ったときにその人自身が「喜びを感じているか」「悲しみを感じているか」**です。

ネガティブな気持ちでイヤイヤ寄付をしているとき、お金さんはこう思っています。

「せっかく来てあげたのに、イヤイヤ寄付に使うの？　それなら、打算的でも、物欲丸出しでもいいから、あなたが喜ぶことに使ってほしかったわ。私、あなたが悲しむために来たわけじゃないのに」

お金というのは、そもそも、喜んで使ってくれる人のところに還《かえ》ってくるもの。

だから、寄付をできる自分、寄付をしている自分に心からの喜びを感じられないのなら、そして、寄付をすることで「やった！　これで願いがかなったぞ！」と心から思えないのであれば、寄付をする時期ではないのかもしれません。

ただし、ひとつ、考えておいてほしいことがあります。

もしあなたが、本来得られるはずのないお金を自分のためだけに使っていたり、貯め込んでいたとしたらそれは、1割は社会に還元してください。

この「本来得られるはずのないお金」は、風水などの世界では「横財《おうざい》」と呼ばれます。

「横財」は、思いもよらないところから得たお金であったり、人の不幸なできごとから生まれたお金だったりします。

たとえば、交通事故で相手の保険で得たお金であったり、慰謝料のような形で入ってきたりしたお金と言えばわかりやすいでしょうか。また、宝くじのようなものも、ある意味この類いだと言えるかもしれません。

これらの「本来入ってくるはずではなかったお金」は、少し、社会のためになるように使うことで、あなたにも豊かさをもたらすことになります。

一方、正しく手に入れた正当なお金のことを「**正財**《せいざい》」と言いますが、これは、自分のために100％使っても、循環が起こりますから、ぜひ自分が喜ぶことにお金を使ってくださいね。

賽銭箱に書かれた「浄財」が意味すること

神社のお賽銭《さいせん》箱に「**浄財**」と書いてあるのをご存知でしょうか？

世界のため、人のために、利益を顧みずに使うお金のことを「浄財」と言います。

寄付自体も「浄財」ということになりますが、お賽銭箱に入れるお金というのは、僕にとっては、「今この状態でいられることに心からの感謝を伝える」ための、感謝のお金です。賽銭箱の「賽」には「神から福を受けたのに感謝して祭る」の意味があるそうです。どこまでいっても感謝のお金なのですね。

また、個人的にお賽銭というのは、お参りする神社が、その神社らしく、美しい姿でいてくれるために、お支払いしているお金でもあります。

さらに、賽銭箱もまた、宇宙とつながる、豊かさの流通装置だと考えてみてください。あの箱の中にお金を入れると、お金さんたちの宇宙と皆さんそれぞれの宇宙がつながって、豊かさの黄金の粒子が、まるで龍のように行き来しはじめる……そんなイメージをしてみると、楽しくなってきませんか？

さらに最近は賽銭のキャッシュレス化も進んでいるそうで、クレジットカード払いができるようになってきているのだとか。ますます、これまでの概念を覆す、風の時代を感じますね。

目に見えないものに価値が移っていくとしたら、大事になってくるのは、情報や知識、知恵、そして言葉。さらに、イメージする力です。これもまた、「個」の力を高め、それぞれの宇宙を輝かせてくれる大切な力になるはずです。

第5章

お金の呪いを解いてやれ!

お金にとって心配とは呪いである

お金劇場 12

借金を返すと決めたコイケアリくんが、
せっせと働いています。
そこに遊び人の宇宙さんキリギリス
がやってきました。
「おまえ、
そんなたくさん借金あって
どうにかなると思ってんのか？
どっちにしたって
そのうち宇宙に帰るんだ。
借金あったっていいじゃねえか」

「うん、でも、これから冬が来る。
僕は借金を返してさらに、
暖かい家で冬を
家族と一緒に過ごしたいんだ」
コツコツ働くコイケアリくんは、
幸せな冬の生活を思い描き
ワクワクしながら働きつづけます。

その年の冬、コイケアリは
思い描いたとおりの幸せな冬を、
巣の中で過ごしています。
一方、宇宙さんキリギリスは、
コイケアリの巣穴に押しかけ、
これまた楽しそうに
過ごしているのでした。

「よお、ご苦労だったなコイケアリ！」

「いやだから、なんでいるんですか？
これじゃあ、何の教訓にもならない
でしょう？」

「いいのいいの、
オレはいつもこうなの！」

幸せな冬は
幸せな春を運んでくるはずです。

ねえブータン、老後のことを心配すると、
みんな、必死に君にお金を貯《た》めておこうとするよね。

そうなんです！　でも、

僕や、人間界の通帳に
いくらお金を貯めたところで、
そこに「不安」という感情がある以上、
僕らはせき止められて、
とても不自由になります。

無限の豊かさは、川の流れや空気のように、
いつだって流れていたいのです。

じゃあ、どうやったら不安がなくなって、
幸せな気持ちでお金が使えるんだろう？

そんなの、決まってんだろうが！
先に「幸せです」と決めること。
「安心して暮らします」と決めることだ。
自分の宇宙の責任者として、
自分の幸せや安心に、自分で責任を持て！
その覚悟もなしに、豊かな暮らしができると思うなよ！

本当のカラクリは「不安なままでいたくてお金を拒否していた」

自分が発する言葉は、そのまま宇宙へのオーダーとなります。

だから、普段からどのような言葉を使っているかで、どんな毎日になるのか、どんな人生になるのか、もちろん、お金に恵まれるかどうかも決まります。

僕が最初に書いた本『借金2000万円を抱えた僕にドSの宇宙さんが教えてくれた超うまくいく口ぐせ』でお伝えしたのは、まさにそのことでした。

これまでもお伝えしてきたように、**お金は心配と不安のエネルギーにとても敏感で、そのエネルギーのある場所には近づきたがりません。**

お金自体が豊かさのエネルギーですから、当然といえば当然ですね。だからこそ、お金を信頼して、お金に対してよい言葉を使っていくことが大切です。

そう言うと、

「でもね、小池さん。心配が生まれるのは、収入が不安定だからなんです」

「でもね、小池さん。借金があるのに、安心なんてできませんよ」

「でもね、小池さん。生活が安定しさえすれば、不安は消えるんです」

という声も聞こえてきそうですが、これは、実は逆なんです。

多くの人は、問題があるから悩む、心配する、不安になるのだと思っていますが、これ、本当は逆。

心配していて、不安があって、悩んでいるから、それが具現化して問題が起きているのです。

これこそが、宇宙へのオーダーと実現のプロセスでもあります。

宇宙はすべて発信が先です。

お金を信頼していないから、不安になる。

だから、不安になるようなできごとが起きている。

お金に対してよい言葉を使っていないから、心配が消えない。

だから、心配になるできごとが次から次へと起きてしまうわけです。

「なんか今日、イヤなことあった？」

と聞かれると、無意識のうちに「ああ、そういえば」とイヤなことを探そうとしてしまうのと同じで、「お金への不安が消えない」という意識が生み出すのは、お金を信頼できなくなるようなできごとなのです。

お金だけではなく、「心配」というのは宇宙空間では呪いのようなもの。

それもそのはず、宇宙には本来心配なんて存在しないし、愛と安心と信頼の空間だから。ないものをわざわざ持ってきて苦しむなんて、呪いみたいでしょう？

「心配」というのは、この地球上で人間が自分の心身を守るための防具なのですから。

恋愛や夫婦関係、親子関係、職場での人間関係でもまったく同じ。

夫のことを「この人浮気するんじゃないかしら」と心配ばかりしていると、「夫が浮気をする」というオーダーが宇宙に伝わりますし、「私は愛されないんじゃないかしら」と不安になっていると「私は愛されない」というオーダーが通り、「うちの子自立できないんじゃないかしら」という心配こそがニートを生んでしまったりします。

反対に、金運がよい人、成功している人は、心配という概念を持たずに、とことん、お金を信頼し、とことん愛を信頼して生きています。

これは、生育歴の中でどれだけ親から「何があっても信頼しているし、サポートするよ」とポジティブな言葉と信頼に触れてきたかにもよりますが、自分が育った環境が心配と不安の中にあったからといって、一生それを引きずる必要などありません。

大人になってからのあなたは、「自分の中の本当の本当の本当の自分」に対していつだって、信頼の言葉をかけることができるからです。


「大丈夫。私ならできるよ」

「私がやりたいようにやってごらん」

「私は何があっても私を信頼している、サポートするよ」


僕が借金2000万円を10年で返せたのは、「10年で返す」と決め、「自分を信頼する」と決め、そうやって自分を励ましつづけたから。

自分への信頼は、自分への声かけの第一歩から始められますよ。

「あるもの」に
まずは
目を向ける

お金劇場

13

昔々あるところに、
コイチルと宇宙チルの兄妹が
住んでいました。
ある日、コイチルは、
おとなりの魔法使いから、
「娘の病気の治療に
お金がいるから
金の鳥を探してきて」
と頼まれます。
ふたりは夢の世界へと
旅に出ました。

夢の国、未来の国で、
コイチルと宇宙チルは、
金の鳥を見つけますが、
つかまえた瞬間に、金の鳥は
金色の粒子になって
消えてしまいます。

疲れ果てて目を覚ましたふたりは、
魔法使いにあやまりにいきます。
すると、魔法使いはこう言います。
「うふふ、実はね、
金の鳥はつかまえなくても、
いつだって生まれてくるのよ。
そう信じればね」

魔法使いの言うとおり、
部屋の中には、
あふれんばかりの金の鳥が現れます。

「ほんとだ」

「こいつら、湧いてきやがる」

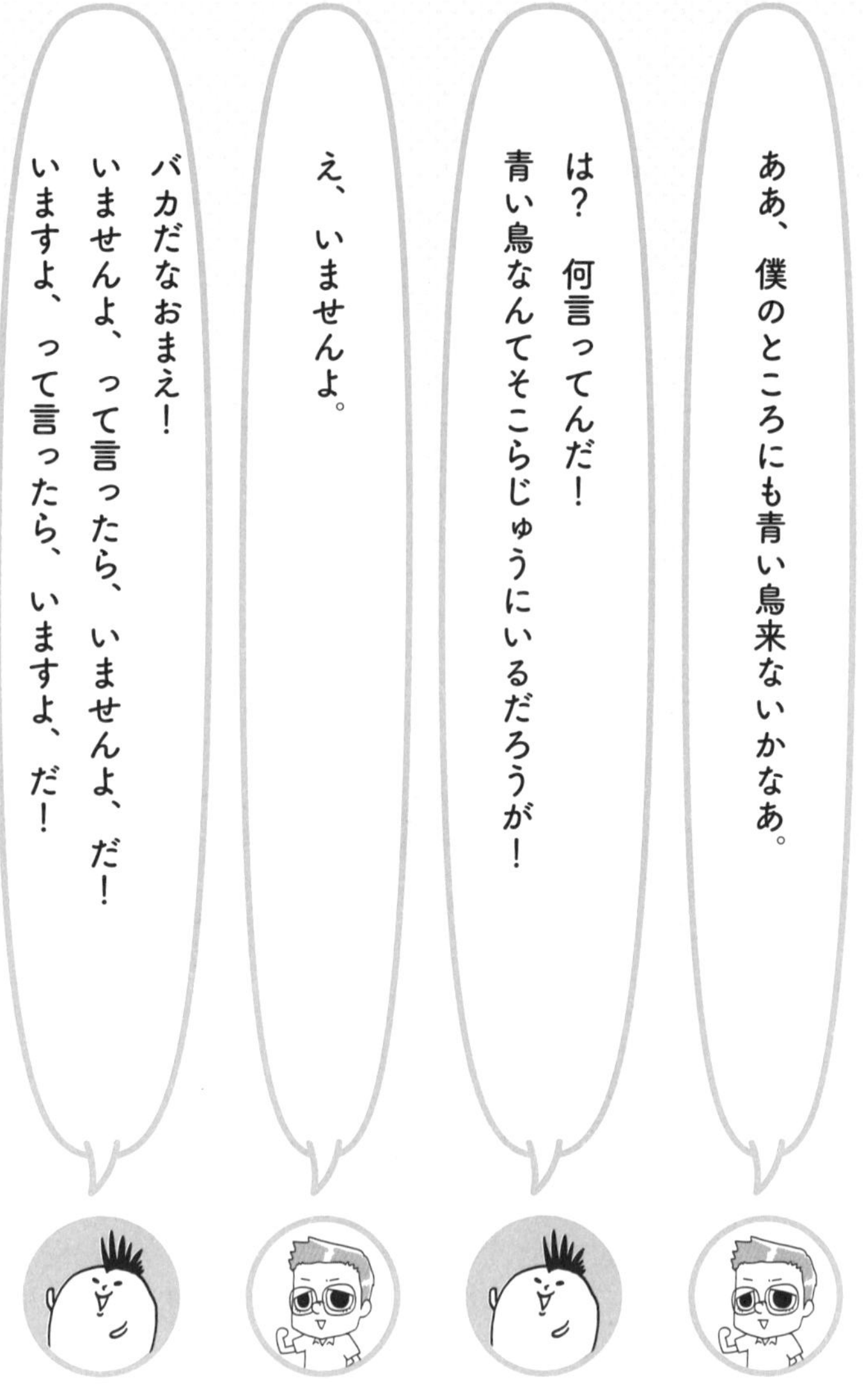
ああ、僕のところにも青い鳥来ないかなあ。
は？　何言ってんだ！青い鳥なんてそこらじゅうにいるだろうが！
え、いませんよ。
バカだなおまえ！いませんよ、って言ったら、いませんよ、だ！いますよ、って言ったら、いますよ、だ！

本当にそうですよね。

金の卵を産むニワトリだって、そこらじゅうにいますが、ほとんどの人はそれを「ただのニワトリ」だと思って見ていますからね。

「ある」と決めて、しっかり見やがれ！
この地球でおまえの目に映るものは全部おまえが生み出してるんだからな！
見えないと思えば見えない！
見えると思えば現れる！

金の卵は「小さなお金」に気づき、使い方を変えることから

『青い鳥』という童話をご存知ですか？

貧しいきこりの子どものチルチルとミチルという兄妹が、魔法使いのおばあさんに「病気の娘のために青い鳥を探してきておくれ。青い鳥さえ来てくれれば、幸せになれるのだから」と言われて、青い鳥を探す旅に出ます。

多くの「お金がほしい人々」というのは、まさに、この青い鳥を探そうとしている状態かもしれないと僕は思うのです。

チルチルとミチルは、夢の中の世界へと旅に出ます。思い出の国、幸せの国、未来の国で青い鳥を見つけますが、その国を出た瞬間、鳥は違う色に変わってしまったり、死んでしまったりして、ふたりは落胆します。

朝、母親の呼ぶ声でふたりが目を覚ましてみると、青い鳥は家の中にいました。チルチルが飼っている鳥が青色になっていたのでした。

このお話って、幸せがどういうものなのか、どういうことなのかを表していると思いませんか？

お金のある生活、幸せな生活を思い描いたとき、ほとんどの人は、「今ではないどこか遠く」にそれが存在していると思っているのではないでしょうか。

ええ、ええ、僕もうまくいかない人生を歩んでいたときはそうでした。

足元の請求書の山をスルーして、今日お店がオープンできていることへの感謝も忘れ、その日お客様がTシャツ1枚を購入してくれたことへの喜びも失い――どこか遠くにある、まだ見ぬ「お金のある生活」や「幸せ」を手に入れたいと思っていました。

でも、結局は、自分が今、手に持っているもの、今いる場所からしか、幸せの一歩は踏み出せない、ってことだったんですね。

今手元にある幸せ、手元にあるお金、手元にあることに、目を向けてみてください。そしてそれを最大限大切に扱うこと。そして「すでにある」豊かさを感じることで、その豊かさは増殖していきますからね。

お金の問題を眠らせるな!

お金劇場
14

いばらの生い茂る城の塔に
眠りつづける美しい王女がいました。
その日うっすら目覚めると、
城に雨漏りがしているのが見えまし
た。
姫は、見ないフリをして眠りにつき
ました。

別の日、また、王女コイケが
うっすら目覚めると、
城にカラスが石ころを運んできてい
るのが見えました。
コイケ姫は、見ないフリをして眠り
につきました。

さらに別の日、
また、王女が
うっすら目覚めると、
城に生い茂った蔦《つた》が、
城の窓を塞いでいるのが
見えました。
姫は、
見ないフリをして眠りにつきました。

城は、積み上がった石ころで塞がれ、
蔦でグルグル巻きになり、
雨漏りがしていて、
あまりのすさみ具合に
「こんなところには誰もいるまい」
と、やってきた王子は帰ってしまい
ました。

お金の問題を見て見ぬフリするんじゃねえぞ！

だって、怖いんですもん。

そうやって見て見ぬフリをしていたら、
どんどん問題はでかくなる。
何だってそうだろうが。
よくも悪くも
積み重ねたものは、ある日気づいたら
とんでもない大きさになっているからな！

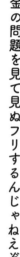

貯金箱と同じですよね。

貯金箱にコツコツ貯めたお金は、
確実に増えていきます。
それと同じで、人生の課題や心の傷も、
無視していると
大きくなっていってしまいます。

気づいたら、ケアしないとですね。

お金の問題は隠すたびに大きくなる

小さなことの積み重ねは、必ず大きくなります。

最初は1万円の借金も、積み重ねれば2000万円になります。

わお（笑）！　でも、これ本当です。

地球上のすべてのことは、よくも悪くも必ず積み上がります。

なぜかというと、いいことか、悪いことかなんて関係なく、**人間は行動を積み重ねることで、「魂の経験値」を増やそうとしているからです。**

人間は、何でもその場でかなってしまう「宇宙」から、とことん「行動」してみたくて地球という場所にやってきた存在。

いい悪いではなくて、とことん経験してみたいのです。

汚部屋に住んでいる人だって、最初はゴミ1個をゴミ箱に入れなかったところから。国家資格だって、最初は問題集の1行目に目を通すところから。

どちらにも最初の一歩があるわけですね。

これらの積み重ねですが、よいほうの積み重ねはどんどん表に出てきて、自分を大きくサポートしてくれるという性質があります。一方、悪いほうの積み重ねはどんどん隠されて、周りの人が気づくときにはおおごとになっているということが少なくありません。

なぜかというと、同じように経験値を積んだとしても、前向きに歩んだ積み重ねは、しっかりと根を張っていき、能力は、生えてきた芽のように太陽に向かってすくすくと伸び、世界に向けて発信されていくからです。

ところが、問題視されるような積み重ね、つまり、ギャンブルやアルコール依存、不倫、借金など、表向き隠したくなるような事柄については、表に向かって芽は出ません。でも、地中にはしっかりと根が張ってしまい、抜こうにも抜けなくなってしまう。こうなってくると、ひとりで解決するのは非常に困難です。

ここに関係しているのは「罪悪感」ですが、一番大きな問題は「隠したこと」です。「悪いことをしている」と自分が心の底で思っていることを「隠した」ら、あなたの宇宙は非常に大きなダメージを受けます。

一度隠すと、どんどん言い出せなくなり、隠しつづけることになり、それに対して常に罪悪感を持ち、宇宙に前向きなオーダーができなくなります。

「幸せになりたい！（でも、私不倫してるから無理）」

「お金持ちになりたい！（でも、すんごい借金あるから無理）」

というように、オーダーに書かれた見えない「無理」のエネルギーは、まるで炙《あぶ》り絵のように、宇宙全体に伝わっています。

何より、人に言えない秘密を持っているということが、あなたの人生の足かせになっていくのです。

隠しごとがあるとき、それを隠すエネルギーは、想像以上に莫大《ばくだい》です。本来、幸せになろうとするエネルギーをすべて隠すために使ってしまっているという状態。

これは、幸せになるための行動が取れないということにもつながります。

「なかったことにはできない」のが宇宙のしくみ

宇宙は、存在を無視されることを非常に嫌います。というか、絶対にそうさせないようにするシステムだったりします。

さらに、今の宇宙は愛のエネルギーを強めながら広がっていますから、存在を無視されることに寛容ではありません。

そうすると、あなたが隠していること、お金の問題などを「なかったことにしている」と、宇宙は全力でそれを「ほら、ここにあるんですよ――」と、その存在に光を当てようとしてきます。宇宙は、あなたの宇宙に存在するものすべてに、光を当てたいと思っているのです。

「なかったこと」にはできないしくみ、それが宇宙です。

僕も、「借金があるってバレたくないなぁ」と思っていた時期はあります。

だって、お店を経営している以上、お客様に対して「いやあ、実は、今月売り上げが大変でしてね……」なんて言えませんよね？　だから、儲《もう》かっているフリをしていました。そして、これについては僕は正解だったと思っています。


よく、自己啓発本などで、「お金持ちになりたいのならお金持ちのフリをする」というようなことが書かれていますが、これはある意味正解です。**なぜかというと、お金持ちの行動、お金持ちの言動をすることで、それがそのまま宇宙へのオーダーとなり、宇宙が現実を合わせてくるからです。**


となると、皆さん不思議になりますよね。

「お金持ちのフリをしていることで、お金がないことを隠しているではないか！　それでもうまくいくなら、隠しごとがあっても問題ないのではないか？」

「隠してはいけないのに、隠していても正解ってどういうこと？」

って、思いますよね。

ここで何が大切なのか。


それは、あなたが大切にしている相手に、隠しているかどうか、

が、非常に大きなポイントだということ。

本来人生のパートナーである妻に不倫を隠していたり、結婚しようとしている相手に借金を隠していたり。そこに大きな罪悪感を抱きながら、隠しつづけること。これが人生を後退させる大問題なのです。

ちなみに僕は、今の妻と出会ったのが借金地獄真っ盛り。そうはいっても、「絶対に返す！　10年で」と決めたあとでしたから、ものすごい勢いで金運は上がり、借金返済にいそしんでいたころでした。

返済の展望も見えてきていたから、「隠さなければ」とは思いませんでしたし、「人生を一緒に歩むことのできる真のパートナーに出会う」と決めていたので、すべてを打ち明けました。そして、「結婚は借金返済まで待ってほしい」と伝えました。

すると妻は「え、それまで待たなくちゃいけないの?」という返事。結果、僕らは大借金の中、結婚することになりましたが、妻は、一切僕の借金について心配していませんでした。

後日談ですが、「浩くんなら大丈夫」としか思ってなかったそうです。

これ、もしも僕が、借金があることを黙って結婚しようとしていたらどうなっていたでしょうか……いやいやいやいやいや、考えたくもありません！

お金の問題は「見える化」した途端に解決に向かう

今、家族に内緒の大きな借金を抱えていたり、実は失職していることを言えずにいたり、ギャンブル癖があってたまった借金があったり、お金のトラブルに巻き込まれていたり、浪費で悩んでいる人がいたら、**おすすめしたいのは、勇気を出して、「一番言いたくない、身近な大切な人」に話すことです。**

または、いきなりそれができないと思うなら、見ず知らずの、でも、借金整理の専門家や心の専門家に相談するなどして、とにかくひとりで抱え込むのではなく、開示することが大切です。

開示した途端に、隠しごとはあなたの宇宙から消え去ります。すべては「隠そうとする」方向から「解決しようとする」方向へ、ベクトルの向きが変わります。

周囲の力が自然とあなたのもとに集まってきて、あなたを助けてくれる「おかげ様」たちが現れるのです。

「いやでも、開示したことで、大変なことになるのでは？」

そう聞かれることもありますし、実際にそうなることもあるでしょう。

でも、ひとりで問題を抱えているときというのは、一切の光明は見えません。

これは僕も借金で悩み尽くしてきたからよくわかりますが、もうね、暗闇の中にひとりでずっと座っているような状態ですからね。視野は狭くなり、考えも縮こまって、「解決する可能性」を自ら放棄してしまっている状態なのです。

だからこそ、誰かに話すこと。

借金2000万円でさえ、なんとかなったのですから、数百万のお金の問題ならなおさらです。

お金の問題は
お金の問題に
あらず

お金劇場

15

老夫婦のところに
性悪コイケたぬきがやってきて、
庭で育てていた
種や芋をほじくり返して
食べていました。

コイケたぬきを成敗するために
ドSうさぎさんが、性悪コイケたぬ
きに金儲け話を持ちかけ、
柴刈《しばか》りに誘い、性悪コイケたぬきが
背負った柴に
火打ち石でカチカチと火をつけます。

燃えていることに気づいたたぬきは、
大慌てでその火を消そうとしてこう
叫びました。
「ごめんなさい！
本当はイタズラしたかった
んじゃなくて
寂しかったんです！」
「だからそれを早く言えっつーの！
めんどくせえ問題起こしやがって」

性悪コイケたぬきは、
おじいさんとおばあさんにあやまり、
ふたりの手伝いをしながら
一緒に楽しく暮らすようになりました。

よく聞け。
お金の問題だと思っていることは、ほとんどがダミーだ！

え？　ダミー!?　どういうこと？

はい。多くの人は、お金のせいで幸せになれないと思っていますが、実は逆なのです。
幸せを遠ざける理由があって、お金を拒絶しています。
その視点で見ると、本当の問題が見えてきますね。

そうそう。お金がないからできない、
お金に苦しめられている、
と思っていることは、実際には、
「幸せになってはいけない」などの
ネガティブなオーダーをかなえるために、
お金に妨害させようとしているだけだ！

お金の問題に隠された本当の課題を見つけよう

僕の本業はパワーストーンのブレスレット屋さんです。そして僕が、オリジナルのパワーストーンブレスレットをその人のエネルギーを見ながらオーリングテストでつくるとき、よく起きることがあります。

それは、借金の悩みや、お金のトラブル、お金が入ってこないなどの悩みでいらっしゃる方のほとんどが、本当は、お金の石を必要としていないということです。

体、つまりその方のエネルギーを見ると、その人にとっての本当の問題は、お金ではないことが多いのです。

今でこそ、個別でのカウンセリングは行っていませんが、以前は、ブレスレットをつくりながら、お客様の潜在意識をリーディングしたり、カウンセリングをしたりしていました。

ある40代の女性がご相談にいらしたときのこと。

「なぜかいつもお金が貯まらず、さらに、何に使ったのか全然記憶にないクレジット決済があって、いつのまにか150万もの借金を抱えてしまっています。私には心理カウンセラーになりたいという夢があるのですが、それを学びにいくためのお金どころか、借金の返済を延滞しているような状態です。さらに、結婚相談所に登録したいなと思っても、その資金がなくて……」

そうおっしゃるので、僕はこうたずねてみました。

「それ（お金がないということ）によって、どのような気持ちになりますか？」

「自分がやりたいことをやろうとすることを、遮られるという感覚があります」

そこで僕はピンと来ました。そしてこう伝えました。

「あなたの問題はお金の問題ではないと思いますよ」

実際に、オーリングテストをしてみると、彼女のエネルギーが必要としていたのは、家族の絆《きずな》を深める石や、恋愛運を上げる効果のある石でした。
さらに深くお話を聞いていると、その方は、母親との関係に長く悩んできたと言います。母親とは主従関係のようで、母親の言うとおりに生きてきたという方でした。母親の気に入る人でないと交際もゆるされず、結果、これまで男性とおつきあいされたことがなく、非常に孤独だということがわかったのです。

お金がないという問題に向き合うとき、多くの人は「自分にあるお金にまつわるトラウマは何だろうか」と、お金の問題ばかりを考えますが、問題の根っこは、必ずしもそこにあるとは限りません。

この女性の場合は、母親の言うとおりに生きなくてはならない、自分の思いどおりに生きてはならない、という心のブロックがあり、お金の問題を起こすことによって、自分が自分のやりたいことを「できなくしていた」と考えられます。
その人が取り組まなくてはならない本当の課題が、お金ではなく他にあり、お金を使って現実に映し出していた……というようなことはよくあるのです。

浪費が見せていた「心の悲しみ」や「寂しさ」

愛されたかったのに愛されなかった過去や、心にぽっかりと開いた穴や大きな傷があると、人は浪費に走ってしまうことがあります。

これは、摂食障害やギャンブル、アルコール依存なども同じことなのですが、隙間に何かを詰め込みたくなってしまう……つまり、穴埋めの衝動です。

とはいえ、本当の意味で心の傷が埋まるわけではないため、この浪費は延々と続くことになります。

育った家庭環境が安全ではなかった場合などはとくに、ギャンブルやセックス依存などの強い刺激を得ることだけが生きていると感じられたり、逆に、お酒を飲むことで感覚を麻痺させて、傷ついた敏感な心を守っていたりすることもあります。

これらの場合は、その人の存在は、周囲を悩ませる問題児のような存在に見えますが、実は、家族の中で、誰よりも家族の平和を願い、家族のために心を痛めていた幼い心がそのまま置き去りにされていることが多いのです。

また恋愛依存も、幼少期に愛されなかった幼い心が、両親の愛をなんとかして取り戻そうとする行動であったりします。

手に入らないかもしれないという不安は大きくなり、それは死をも予感させる強い感情となります。その感覚を引きずったまま大人になった場合、自分の行動を自分でコントロールできない傾向があります。

幼い子どもにとって、親の愛、親の存在は、自分の命を司る大切なもの。それを失う危機感は、死ぬかもしれないという恐怖心を抱えることでもあるからです。

一瞬、手に入った愛を、信じることができず、相手を試してしまうのも、「本当にお父さん、お母さんは私のことを見捨てないのだろうか」と、相手に親のお面をかぶせて見ているからです。

今見ている相手は、実際には親ではありませんから、相手は別の相手の仮面をかぶせられて試されることに疲れてきて、重たく感じ、離れていきます。そして本人はさらに失う恐怖を感じて、後追いをする子どものように相手につきまとってしまう、というようなことが起こります。

浪費も、ギャンブルやお酒、恋愛も、依存はすべて元を辿れば、愛情不足を埋めて、生き延びようとする幼い子どもの必死な姿だったりするのです。

もしもあなたの中に、埋められない寂しさや、自分でもどうしようもない衝動を抱えていたとしたら、最初にやることは、自分を責めるのをやめること。

あなたは、それによってなんとかここまで生き延びてきたからです。

あなたがあなたにかける言葉は、「なんで私変われないのだろう」「私ってダメだ」ではなく、「どうにかここまで生きてきたね。ありがとう」です。

お金にまつわる「家族のものがたり」に目を向ける

金運がいい人は、「お金さん」以上に「自分の人生さん」を大切にしている、という話を、この本の冒頭で書きました。1冊を通して、あなたの「人生さん」と、「お金さん」とが一緒に歩み出すきっかけになったらうれしいです。

僕はいつも、自分の宇宙の創造主は自分自身であると知ることで、すべての制限から解き放たれ、自分の思い描くまま、望むままに、豊かさを得られるとお伝えしていますが、最後にもうひとつだけ、おすすめしたいことがあります。

どうしても豊かさに恵まれない、という思いにとらわれてしまうとき、自分の家系に流れるお金のエネルギーについて考えてみる、という提案です。

あなたが「私は豊かだ」と思うか「いつも豊かさに恵まれない」と思うか、そのお金の思い込みを決めているのは、あなたのオーダー以前に、「家系にある、お金への呪い」に根を宿していることがあるのです。

あなたの両親や祖父母、曽祖父母やその先、先祖たちの、家系にまつわるお金との関わり方が、あなたの中の「お金の前提」を決めているかもしれません。

呪いというと、ちょっとおどろおどろしいですが、「お金とは○○である」という概念は、図らずも、ＤＮＡのように受け継がれることがあるのです。

僕は、カウンセリングの中で、家系が持つトラウマを整える心理療法を取り入れることがありますが、数ある家系のトラウマの中でも、「お金」の存在は強い力を持っています。

お金が循環するには、ギブアンドテイクのバランスが非常に大切です。

これが崩れ、誰かが一方的に搾取したり、その流れが滞るできごとが起こると、そこにはひずみが生まれます。

そして、あなたにＤＮＡをつないだ長い歴史の中で起きた、お金にまつわる悲劇的な出来事や概念を整えようと、あなたを動かそうとする力が生まれます。

たとえば、過去、代々続いた地主の家系の流れの中に、あなたがいるとします。

その昔、あなたの先祖が小作人を使い、彼らを二束三文で働かせ、小作人の家族が飢えに苦しんだとします。すると、豊かさのエネルギーは循環を求めて、あなたの先祖の世代でその搾取した豊かさを、当時のことなど何も知らないあなたの宇宙の中で還元しようとすることがあります。

「私が稼いだお金はすべて、私の先祖の代わりにお返しします」

とでも言うかのように、お金がいくら入ってきても、いつの間にか自分の手元から消えてしまうというようなことが起こります。

逆に、あなたの先祖が小作人の人たちを大切に扱い、成果を分け合い、彼らの家族から非常に感謝されていたとします。お金のエネルギーはこの循環を非常に喜びますから、あなたは、自然と豊かさの循環の流れの中に生まれ、

「なぜだかわからないけれど、いつもお金は入ってくる」

という確信と信頼をお金に対して抱きながら、お金に困ることなく生きていくことができます。

これは、自分の思考では計り知れない「なぜか、そんな気がする」という感覚が知らせてくれます。

もしも、これまでの人生で、トラウマになるようなネガティブができごとがないにもかかわらず「私にはお金を持つ権利がない」「なぜだか、稼いだお金はすべて消えてしまう」というようなパターンを繰り返しているとしたら、自分の家系を遡り、そこにあった家族の歴史を見直してみるといいかもしれません。

そして、家系の中でお金との関係性がゆがんでしまったできごとを見つけたら、ご先祖様に手を合わせてこう宣言してほしいのです。

「私はもう、家系のお金にまつわる因縁を手放します。私とお金さんの関係は良好で幸せなものです」

僕がこの本でお伝えしてきた「これからはお金の時代」という意味は、これまであなたが生きてきた人生の中で豊かさやお金との関わり方、そして、あなたの家系と豊かさやお金との関係を見直していく時代ということです。

つまり、新しいお金の時代、物質の時代が終わり、価値観を再

構築していく時代。

僕は、僕を痛めつけ苦しめる存在としてのお金さんを手放し、僕と一緒にいつも笑っているお金さんとのつきあいを手に入れました。毎日お金さんを笑わせながら、僕も笑っている。

そりゃあもう、最高の毎日です。

皆さんは、お金にどういう意味づけをして、どんな交流を図り、どうその流れをつくっていきますか？

あなたの新しいお金さんとの「ものがたり」は、今この瞬間から、始まりますよ！

エピローグ

「よーし、リハーサル完了！　まずまず面白い漫談になったんじゃないか」

と宇宙さん。

「楽しかったですね。お金さんたちも、ほら、喜んでいますよ」

とブータンの声が無限の豊かさの宇宙に響き渡ります。

気づくと、小さくて質素な劇場の周りには、お金さんたちや、黄金色の龍が集まってきています。みんな、楽しそうに笑っています。

「よーし、じゃあ、本番のために、ハワイの砂浜に戻るとするか」

宇宙さんがそう言った次の瞬間、僕は、ブータンのコインの穴を抜けて、砂浜に戻ってきていたのでした。


時は夕暮れ。美しいハワイの海と波の音が響いています。

ふと、子どものころに持っていた小さなブタの貯金箱のことを思い出した僕。

それは、クリスマスに母がくれた貯金箱。それを手にしたときに、宇宙からのメッセージを受け取っていた記憶が鮮明に蘇ります。

「貯金箱は貯金箱にあらず。

無限の宇宙につながる装置なり。
己の幸せを願い、周囲の幸せを願い、
豊かさを招き入れよ
そして、お金を笑わせるがいい
さすれば、すべて、与えられん」
それは、ドSの宇宙さんの声のような、空から聞こえる声のような、不思議な声でした。その日から僕は、せっせと貯金箱にお小遣いを入れながら、こうつぶやいていました。
「お金さん、お金さん、僕の宇宙を無限の豊かさで包んでください。
僕の家族を幸せにしてください」

――ああ、僕は、あのころすでにブータンに会っていたんだなあ。

子どものころは純粋に宇宙に願いをオーダーしていたというのに、いつの間にか、その心を忘れて苦しみを選んでいたんだと、改めて僕は気づいたのでした。

大人になってからの借金2000万円は生きた心地のしない体験でしたが、子どものころのように純粋に、お金の力を信じる気持ちを取り戻したとき、すべて豊かさに変わりました。

「劇を見てくれる皆が、純粋に、お金の無限さに気づいてくれたらいいね。僕らは、苦しみを体験しに地球に来たわけじゃなくて、存分に豊かさを体験するためにこの地球にいるのだから」

僕がつぶやくと、ブータンの声が聞こえた気がしました。

「そうですよ。僕たちの無限の豊かさの宇宙と、人間の宇宙は、いつだってつながれるのですからね」

あとがき

最後までお読みいただき、ありがとうございました！
お金劇場、楽しくてあっという間に終わっちゃった気がします。
僕がお伝えしたかったお金のあれこれを、
昔話になぞらえたり、人に例えたり……今回も存分に楽しい本になりました！
アイデアをカタチにしてくれたサンマーク出版の橋口英恵さん、
構成のお手伝いをしてくれたＭＡＲＵちゃん、
お金劇場をわかりやすくドラマチックな絵にしてくれたアベナオミさん、
ほか、いつも僕を支えてくれるおかげ様たちに改めて感謝いたします。
そして、大切なお金さんがこの本に「成った」あなた！
おめでとうございます！
あなたのお金さんが「コイケの本に成ってよかったー」って
言ってくれるように、この本を、劇場さながらに、
活用して、楽しんで、笑ってくださいね。

お金さんをとにかく、楽しませて、ゲラゲラ笑わせて、驚かせていると、
お金さんがあなたの宇宙にいることが楽しくて、集まりつづけますからね。
借金地獄を経験した僕だから伝えられることがあるかも、と思って書いたこの本。
僕がお伝えしたかったのは、お金をめぐる体験って、
本来とっても素敵な、ワクワク心躍るものだということ。
お金を得ることもそうだし、お金を支払うこともそう。
あなたのお金に気づき、お金を見つめ、感謝を伝えて、喜びに使う。
そこに立ち戻れたら、今この瞬間から、金運は一変します。
お金さんたちと一緒に、地球を存分に楽しむのみ！
コイケのお金劇場はここでいったん幕を閉じますが、
あなたのお金劇場はここから始まりますよ。
さあ！　新宇宙だよ！　全員集合！

2021年3月　杜の都仙台より

小池浩

小池 浩　こいけ ひろし

心理セラピスト。インディゴッド仙台代表。17年前、念願のアパレルショップ経営のために負った借金が膨れ上がり、2000万円（うちヤミ金600万円）に。自己破産しか道がない状態に追い詰められたとき、宇宙とのつながりを思い出す。言葉の力を使って潜在意識を浄化し、宇宙からのヒントを指針に宇宙に望みを「オーダー」しはじめてから人生が激変。アパレルを撤退して始めたブレスレットショップが話題となり、一気に人気店に。9年で借金を完済後、収入は増える一方。愛する妻と2人の娘とともに、楽しく願いをかなえる毎日を過ごす。宇宙のしくみを伝える講演を行いながら、お金や経営の問題で行き詰まる人たちに向けたセッションも数多く行っている。著書に、独自の願望実現法をまとめた、累計30万部超のシリーズ『借金2000万円を抱えた僕にドSの宇宙さんが教えてくれた超うまくいく口ぐせ』、『宇宙はYESしか言わない』など。

**借金2000万円を抱えた僕に
ドSの宇宙さんが教えてくれた
お金の取扱説明書**

2021年4月10日　初版印刷
2021年4月30日　初版発行

著　者　小池 浩
発行人　植木宣隆
発行所　株式会社サンマーク出版
東京都新宿区高田馬場2-16-11
電話　03-5272-3166
印　刷　株式会社暁印刷
製　本　株式会社若林製本工場

ISBN978-4-7631-3909-2 C0030
ホームページ　https://www.sunmark.co.jp